ANTROPOLOGIA DIGITALE

Achille De Tommaso

RINGRAZIAMENTI

Desidero ringraziare gli editori di NEL FUTURO, KEY4BIZ e AGENDA DIGITALE che, nel corso degli anni, hanno pubblicato miei articoli da cui sono tratti alcuni paragrafi di questo libro.

Dedico questo libro a mia moglie Liliana
e alle mie figlie
Angela e Paola

Copyright © 2012 Achille De Tommaso 2021
Propirtà letteraria riservata
Memorizzazione, riproduzione e traduzione anche parziali vietate
senza autorizzazione dell'autore
Codice ISBN: 9798573280899
Casa editrice: Independently published

INDICE

PREFAZIONE: TECNOLOGIA E CONNESSIONE UMANA

INTRODUZIONE: COS'E' L'ANTROPOLOGIA DIGITALE

CAPITOLO I

IL DIGITALE E LA IPERCONNETTIVITA' DELLE AZIENDE

1. il problema logistico della conoscenza. le telco come anello importante della catena della connettivita'. p.15
2. industria 4.0 – sarà una rivoluzione antropologica: vediamo ciò che ci promette p.25
3. "industria 4.0" : uno sguardo al di la' della siepe. p.28
4. attenti a non farci distruggere le aziende da industria 4.0 p.34
5. l'internet delle cose (IOT) p.36
6. antropologia digitale e inclusione digitale p.46
7. i robot usati nelle aziende sono "persone elettroniche" e ci rubano la pensione p.51
8. rifiuti digitali: ecco cosa troveranno di noi i nostri posteri quando scaveranno, alla ricerca di nostre vestigia; tra migliaia d'anni p.55
9. gli schiavi digitali della gig economy p.60
10. gli esiliati digitali p.67

11. il digitale e i principi morali, dichiarati, ma non osservati p.73

CAPITOLO II

IL DIGITALE E LA IPERCONNETTIVITA' DEGLI INDIVIDUI

1. il motivo del successo dei "social media" p.83
2. ma l'uomo digitale é sempre di più asservito ad un "mondo assente" o comunque innaturale p.93
3. social media: da soli insieme p.102
4. con internet ci hanno rubato il nostro tempo p.100
5. come sopravvivere agli odiatori; cioè gli "haters" p.116
6. siamo immortali perché siamo digitali? p.119
7. come le tecnologie digitali influenzano le migrazioni p.124

CAPITOLO III

GLI SCONTRI TRA TECNOLOGIA DIGITALE E: CULTURA, ARTE, FILOSOFIA, RELIGIONE

1. ma come si fa a stracciarsi le vesti per la necessità di competenze digitali, se l'italia ha smesso di investire in "cultura"? p.130
2. ripensare il rapporto tra cultura e tecnologia p.135
3. l'umanesimo digitale p.141
4. può un robot restituire il tuo amore? p.151
5. antropologia digitale: il futuro della musica p.156

6. cos'è la musica? un miracolo! p.164
7. l'uomo digitale, tecnologico, ha forse perso il contatto con la poesia? forse no: scienza e poesia, assieme, possiamo sognare che possano essere le chiavi per la "teoria del tutto" p.168
8. natura umana e filosofia antropo-digitale: noi siamo solo mente. corpo, sesso, etnia, sono solo "rumori di fondo" p.183
9. la morte è un "ordine" digitale p.194
10. il principio antropico e l'immortalità p.199
11. antropologia digitale e religione p.203
12. il teletrasporto è un problema tecnico o anche etico-religioso? p.212

CAPITOLO IV

RECENTI NUOVI ORIZZONTI TECNICO – SCIENTIFICI RIVELATI DAL DIGITALE

1 i buchi neri sono diventati una divertente curiosita' per l'essere umano odierno, che si ciba sempre di più di tecnologia. fornisco una guida a come fotografarlo p.220
2 le onde gravitazionali. p.227
3 le onde gravitazionali e la musica delle sfere. p.234
4 il paradosso dell'ordine che è contro l'evoluzione p.238
5 con la tecnologia possiamo modificare il passato e il presente? p.242
6 la materia oscura dell'universo: uno dei grandi misteri della fisica p.251
7 la battaglia per chi ha ragione nell'universo p.257
8 la meccanica quantistica è una balla pazzesca? p.265
9 tutto finirà, con un bel piagnucolio p.275

PREFAZIONE

ANTROPOLOGIA DIGITALE: TECNOLOGIA E CONNESSIONE UMANA

Quando dico alla gente che mi interesso di "antropologia digitale", vedo spesso reazioni sorprese circa l'esistenza di una scienza del genere. E' infatti una prospettiva relativamente nuova e molto particolare all'interno delle scienze sociali: l'antropologia digitale si riferisce, come molti sanno, allo studio del rapporto tra gli esseri umani e la tecnologia dell'era digitale. L'obiettivo di questa disciplina è quello di mettere in discussione il modo in cui le categorie, come "digitale" e "tecnologia", vengono utilizzate a livello colloquiale per produrre modi particolari di vivere il nostro mondo moderno.

Il problema è, al di là delle parole, come ciò si applichi alle nostre vite; come rispondere alla domanda: COME POSSIAMO MANTENERE REALI CONNESSIONI UMANE DI FRONTE ALLA MEDIAZIONE DIGITALE?

Ovviamente non è facile cercare di rispondere a una domanda così sfaccettata entro i confini di un singolo libro; proporrò invece una serie di domande.

1. Cosa rende unici i nostri dispositivi digitali? E, come sono connessi?

In primo luogo, dobbiamo riconoscere il pericolo di cadere nel regno del relativismo. Una discussione relativistica sulla "connessione umana" affermerebbe che i dispositivi digitali non interferiscono con l'interazione umana più di qualsiasi altro artefatto nella storia umana. Infatti, anche le conversazioni faccia a faccia che abbiamo sempre avute, vengono comunque esaminate attraverso una "lente culturale", il che significa che la connessione umana non può mai esistere al di fuori di un contesto culturale e materiale, o di una cornice.

E' questa una linea di analisi legittima? Sebbene vi sia certamente un'argomentazione per la mediazione coerente dell'interazione umana nel corso della storia, questo approccio sottostima le implicazioni morali e politiche dei nostri artefatti scientifici e tecnologici. Dobbiamo infatti solo dare un'occhiata in giro per vedere come lo smartphone, un artefatto umano, abbia influenzato in modo significativo il modo in cui comunichiamo. Certamente ha un impatto molto più profondo su come noi umani interagiamo tra noi, rispetto ad esempio alla scatola di cartone o ad una palla da ping pong.

Infatti, potremmo dire che oggi i nostri smartphone, tablet e laptop sono diventati molto più di un artefatto: sono diventati un'estensione di noi stessi. E cosa c'è quindi nei nostri moderni dispositivi digitali che li differenziano dai precedenti, attraverso i quali noi come esseri umani abbiamo vissuto la vita quotidiana? Lo vediamo nel prossimo punto.

2. In che modo le aziende e gli esseri umani interagiscono con i loro dispositivi tecnologici?

Soprattutto della natura dei nostri dispositivi, dobbiamo chiederci cosa ci fanno. C'è infatti un crescente corpo di ricerca scientifica che ci dice che le nostre abitudini, di individui, e la voglia di iperconnettività, ci rendono infelici, nonostante il loro possesso e il loro design ci porti gratificazione immediata. È qui che possiamo chiederci, in che modo i dispositivi tecnologici influenzino le nostre relazioni sociali? Siamo più connessi che mai online, ma questa è vera connessione umana? E per le aziende: una iperconnessione fornisce sicuramente migliore efficienza?

E veniamo ad una possibile risposta. Come sappiamo la natura della mediazione digitale e l'obiettivo generale dell'innovazione nella tecnologia di consumo è quello di ottenere una quantità crescente di velocità, accessibilità e visibilità. In virtù di essere sempre a un clic di mouse o un tocco di un dito di distanza, siamo diventati sempre più impazienti, in quanto ci aspettiamo che le risposte siano altrettanto immediate come le tecnologie permettono che siano. Siamo al limite di accettare che le risposte siano di bassa qualità, purché veloci. Forse sono queste aspettative con cui viviamo, che ci fanno sentire a disagio, e che ci fanno sentire meno noi stessi; meno umani.

3. Qual è la differenza tra 'umano' e 'digitale', 'reale' e 'virtuale'?

Nel determinare i nostri soggetti, dobbiamo prima capire la differenza tra queste categorie prima di poterle confrontare tra loro, soprattutto perché questa differenziazione sta diventando, oggi, sempre più difficile da fare. I termini come il "biohacking" e il "transumanesimo", che entrano nella psiche pubblica, infatti, pongono questioni che continueranno ad essere sempre più complesse per formulare una chiara risposta. Ma ponendo questa domanda, possiamo cominciare a vedere come queste categorie vengono utilizzate dai tecnologi e dagli innovatori che le impiegano, e naturalmente come esse hanno effetto sul consumatore finale. Come possiamo quindi andare avanti per costruire prodotti che prendano in considerazione tutte le domande di cui sopra? Compresa la necessità di una morale, di un' "etica digitale".

Queste domande aperte sono ciò che si pongono continuamente gli antropologi digitali, e dobbiamo riconoscere che un numero crescente di persone in tutto il mondo sta cominciando a porsi domande simili. Le risposte a queste domande ci dovranno far pensare a queste categorie non come innate, ma come riflettenti bisogni e ansie più ampie all'interno della società. La mediazione digitale è qualcosa che dobbiamo affrontare con specificità e con profonda analisi.

Allora, qual è il prossimo passo per l'innovazione? Come studioso di antropologia digitale, sono certamente desideroso di continuare ad osservare il processo da vicino. Anche con questo scritto.

INTRODUZIONE

L'ANTROPOLOGIA DIGITALE

Se l'Antropologia è la disciplina che studia che cosa significhi essere umani e come questa umanità si manifesti nelle diverse culture; ebbene, l'Antropologia Digitale è la disciplina che studia come la digitalizzazione influenzi l'essere umani.

La semplicità della definizione, in realtà, nasconde la complessità di essere precisi nel definire cosa veramente intendiamo per "digitale", e nel capire come e se alcune pratiche attuali degli umani siano diverse (magari leggermente diverse) per merito della digitalizzazione, o, più semplicemente, siano pratiche nuove. Oppure pratiche che esistono siffatte da secoli, ma di cui veniamo a conoscenza per merito della comunicazione digitale.

Cosa intendiamo quindi per "digitale"? Se per la strada chiedete ad uno cosa intende per "digitalizzazione", (e ammesso che vi risponda), molto probabilmente vi direbbe "Internet"; ma Internet è solo una fetta della torta digitale. Fotografia, musica, cinema, TV, telefonia, sono in gran parte digitali, ma poco hanno a che fare con Internet. Non esiste niente di razionalmente più semplice del Digitale; che genera fenomeni scaturiti dalla semplice elaborazione dello zero e dell'uno. Esso però, ad esempio, è in grado di creare a basso costo copie perfettamente simili all'originale e distribuirle ad un'infinità di esseri; creando una "commodity" di quello che poteva prima essere un quantum unico. E creando quindi nuovi spunti antropologici: culturali e industriali (es. stampanti 3D). Il Digitale influenzerà sempre di più il nostro essere umani: forse cambierà la nostra cultura; di sicuro ci aiuterà ad analizzarla e capirla. Importante quindi capire come parlare di "digitale" non significhi necessariamente parlare di un argomento univoco, ben definito e condivisibile.

Un esempio di campo di studio dell' Antropologia Digitale può essere il cyberbullismo, pratica abominevole, che è sicuramente influenzata dalla comunicazione online. Ma il bullismo è sempre esistito; il come sia cambiato (ammesso che sia cambiato) a causa della digitalizzazione fa parte dei temi che l'Antropologia Digitale studia. Altri temi sono il "social computing", la realtà virtuale e il reale, le teorie classiche applicate a fenomeni digitali, i nativi digitali, il Villaggio Globale, il capitalismo informativo, l'attivismo e i movimenti sociali supportati da comunicazione digitale, i media e l' "audience", il cyberbullismo e l'emarginazione; e tantissimi altri argomenti.

L'Antropologia Digitale si spinge anche oltre: si spinge a studiare anche alcuni fenomeni sotto il profilo prettamente psicologico e neurale: perché i "social networks" e il "gaming" attraggono fino a provocare dipendenza? Perché bambini di pochi mesi, che ancora non parlano, trovano grande dimestichezza nello smanettare un "tablet"? Perché (prima volta nella storia degli esseri umani) i giovani insegnano ai vecchi? Cosa c'è nel nostro cervello, da giovane, che lo porta ad integrarsi così facilmente nel digitale, al punto del quasi annullamento?

Tra i primi a studiare questa sottodisciplina dell'Antropologia segnalo Heather A. Horst (Senior Research Fellow in the School of Media and Communication at RMIT University, Australia) e Daniel Miller (Professor of Material Culture at the department of Anthropology, University College, London, UK), che, nel'ottobre 2012 pubblicarono il libro DIGITAL ANTHROPOLOGY; Ed. Bloomsbury Academic. Contributori al testo di questo libro sono altri dodici accademici antropologi.

Questo libro fonda l'Antropologia Digitale su sei principi:

1. Il Digitale intensifica le facoltà dialettiche dell'uomo.
2. Il valore dell'Umanità non viene accresciuto dalla presenza del Digitale; piuttosto il Digitale ci permette di meglio capire il mondo analogico.
3. Le prospettive dell'Umanità sono olistiche e traggono valore dal concetto di "mente collettiva".
4. La cultura è "relativa", il digitale dimostra che nessuno può essere marginalizzato culturalmente, ovunque egli si trovi e comunque la pensi (e i fenomeni politici di questi tempi dimostrano la veridicità di questo assunto).
5. Ambiguità del Digitale, che appare "aperto" a tutte le culture, ma è alla perenne ricerca di "chiusure" (es. normative, regolamentazioni, privacy, ecc.)
6. Il Digitale è parte della nostra Umanità e ci aiuta a capire cosa significhi essere "umani"

CAPITOLO I

IL DIGITALE E LA IPERCONNETTIVITA' DELLE AZIENDE

1. **IL PROBLEMA LOGISTICO DELLA CONOSCENZA. LE TELCO COME ANELLO IMPORTANTE DELLA CATENA DELLA CONNETTIVITA'.**

> *Praticamente, se collegato ad Internet, (quasi) chiunque può acquisire qualsiasi conoscenza e sviluppare ulteriormente le sue competenze; in qualsiasi momento e in qualsiasi luogo.*

***

C'è e ci sarà sempre di più un "problema logistico della conoscenza". Forse è contro intuitivo il fatto che, alla disponibilità potenzialmente inarrestabile della conoscenza, si riscontri contemporaneamente che, per merito del crescente sviluppo delle megalopoli nel globo, esse comincino ad attirare milioni di persone e drenare talenti provenienti da regioni meno popolate. Altrettanto preoccupante è la concentrazione di talenti in un piccolo numero di grandi aziende (alcune di queste finanziariamente più forti rispetto a molti Stati). Nel futuro, quindi, avremo i talenti concentrati in alcune aziende, a loro volta concentrate in alcune città del globo.

Quindi come potranno le grandi aziende tecnologiche (e altre organizzazioni) attrarre efficacemente, e trattenere, i talenti; soprattutto se queste aziende sono poste in aree geografiche remote? (il Sud Europa è un'area geografica remota?). Non ho ovviamente una risposta.

Ma veniamo al problema più importante: la dissonanza cognitiva.

Alcuni sicuramente pensano che il destino delle Telco (definirò così gli operatori telefonici) sia quello di realizzare e servirsi di sempre nuove e innovative infrastrutture. Ma con quali risorse umane? Sicuramente non con la tipologia di skill che hanno usato finora.

Come ottimo esempio, consideriamo il 5G. Questa tecnologia promette l'emergere di nuovi servizi; come quelli per le auto e oggetti interconnessi, dati sanitari on-line, sicurezza, avionica, realtà aumentata pervasiva, e così via. Il 5G segnerà un punto di svolta per le aziende, come pensano molti? I servizi IoT e M2M segneranno la positiva evoluzione delle attività umane e industriali?

Forse, e a patto che siano in grado di capire di quali competenze dovranno disporre e come le dovranno utilizzare.

Infatti, in una società sempre più digitale, i dati personali stanno diventando una nuova forma di moneta; e la sfida più grande per le aziende tutte, ma soprattutto le tecnologiche, sarà quella di stabilire la fiducia del cliente che consenta a tale valuta di fluire senza intoppi. Mentre molte industrie tradizionali stanno soffrendo crescite basse o negative, settori ad alta intensità di dati – in cui l'uso di identità digitale è un componente chiave del business – prosperano con tassi di crescita annui compresi tra il 15% (e-commerce) e fino al 100% (applicazioni Web 2.0). Tuttavia, i due terzi del potenziale di generazione di valore – 440 miliardi di euro nel 2020 – è in pericolo se le parti interessate non riescono a stabilire un flusso affidabile di dati (ricordate un paio d'anni fa la notizia del furto di mezzo milione di identità depositate su Yahoo).

Tali servizi, infatti, hanno una serie diversificata di parametri (tecnici, commerciali, normativi ed etici) ancora poco affrontati.

Non voglio elencarne i dettagli qui, e accennerò solo ad alcuni dei requisiti tecnici stringenti che tali servizi imporranno alle reti e alle piattaforme delle Telco. E alcuni dei quali è palese a molti che non siano, talvolta, rispettati:

1. autorizzazione all'accesso (cioè assicurarsi che la persona o l'oggetto che si autorizza per il collegamento

non siano stati compromessi, e che abbiano i privilegi e i diritti necessari)

2. Bassa latenza end-to-end (1ms per l'assistenza sanitaria, 5ms al massimo per le auto collegate on-line, ma secondo molti è imperativo 1ms; per dare un'idea: il 4G dà un range di valore di latenza di 30-100 ms)

4. Sicurezza (capacità di combattere efficacemente le intrusioni e il furto di dati – si consideri quanto sia importante per la sicurezza di un'auto in viaggio e per i dati sanitari).

5. Availability (disponibilità del servizio). Questo è un dato estremamente critico; in considerazione del fatto che oggi la rete Internet è "best effort". Ossia è gestita "al meglio", senza garanzia di disponibilità. Alcuni operatori forniscono, sì, uno SLA (service level agreement); ma, in generale, in caso di guasti, si limitano a pagare una penale che è indipendente dal "business lost". (convenite con me che non dovrebbe bastarmi che mi venisse pagato qualche migliaio di euro se il mio elettrocardiogramma non è arrivato in tempo…)

Non ho alcun dubbio sul fatto che le Telco troveranno, prima o poi, le risposte per rendere le reti in grado di erogare tali servizi. Ma la vera domanda da porsi è "quale sarà il percorso per avere tali risposte"; considerando che l'innovazione si basa sull'aver commesso errori.

Mi spiego, e facciamo un passo indietro un attimo; consideriamo due settori dell'industria: l'aviazione e l'assistenza sanitaria, due settori altamente mission critical; ovvero: in pochi altri settori la vita umana dipende dalla qualità del servizio erogato come in questi. Questi due settori hanno ovvie differenze di fondo: la cultura, le sfide esistenti e i cambiamenti che hanno affrontato e stanno affrontando; ma la differenza più importante sta nel modo in cui hanno affrontato le crisi. Nel 2014, secondo l'International Air Transport Association, ci sono stati 36,4 milioni di voli commerciali che hanno trasportato più di 3 miliardi di passeggeri. 706 persone sono morte, purtroppo; ma dobbiamo considerare che il 2014, sotto questo aspetto, fu un annus horribilis. L'assistenza sanitaria mostra risultati diversi: nel 2014, e solo per gli Stati Uniti d'America, gli errori medici prevenibili, segnalati come il terzo maggiore assassino (terzo negli USA dopo malattie cardiache e il cancro) hanno fatto perdere la vita, secondo il Journal of Patient Safety, a circa 400.000 persone. Ossia l'equivalente del disastro di tre "jumbo jet" ogni giorno. La ragione principale secondo molti esperti è che storicamente le organizzazioni sanitarie non hanno catturato i dati con la diligenza richiesta su come gli eventi mortali prevenibili accadono; e quindi non hanno tratto modelli significativi e imparato da loro. Come invece fanno di norma le compagnie aeree e le organizzazioni preposte alla sicurezza dei voli: dopo ogni disastro raccolgono i dati meticolosamente.

Se ora torniamo ai servizi che sono promessi dalla tecnologia con il lancio di 5G; ci rendiamo conto che molti di questi potranno mettere in gioco la vita del cliente, sarà bene che le Telco imparino, quindi, non solo a prevenire i disastri; ma anche a gestirli; se non vogliamo che autovetture si scontrino ogni due giorni, o personale medico compia (altri) errori a causa della caduta della reti.

Ricordiamo, però, come l'innovazione, e il successo della stessa, si siano affidati sempre al fatto di aver commesso errori; ma errori intelligenti, corretti rapidamente e a buon mercato. E in questo caso con "buon mercato" intendo "non aver messo a rischio la vita del cliente o di suoi utilizzatori".

Prima di decidere quali siano le azioni adatte a garantire che le Telco siano grado di affrontare in modo efficace i disastri, in modo da massimizzare la disponibilità delle reti, vale la pena soffermarsi un attimo e valutare alcuni dei pregiudizi in gioco per quanto riguarda il modo in cui, come esseri umani, reagiamo e gestiamo i disastri. Il primo è la dissonanza cognitiva che proviamo quando un nostro errore, o l'errore di qualcun altro, solleva dubbi su cosa noi sappiamo o in cui crediamo; quando si confronta con nuove informazioni che sono in conflitto con idee esistenti; e quindi con possibili errori del nostro pensiero. In secondo luogo, l'essere soggetti alla narrazione fallace cioè la propensione a creare storie falsate su quello che vediamo accadere dopo un evento; le quali storie nascono inevitabilmente dal nostro continuo tentativo di dare un senso al mondo. Noi siamo cablati a pensare che il mondo sia più semplice di quanto non sia in realtà. E se vediamo il mondo come semplice, pretendiamo di capirlo senza la necessità di test, sperimentazioni ed errori. Il terzo è il divario tra il sapere ed il fare. Molti rapporti e studi dimostrano che anche quando l'individuo e le organizzazioni sono consapevoli e informate di ciò che dovrebbe essere fatto, molte volte non lo fanno. Ma poiché fare significa imparare, e imparare, spesso, implica commettere errori, questo è un altro possibile deterrente che ci tiene lontani dal gestire i disastri al meglio. Si noti che il motivo principale del divario sapere-fare è spesso l'ambiente di lavoro, quando esistano atteggiamenti di conformità sociale, autorità incompetente, la pressione dei pari livello, la mancanza di chiarezza per l'azione da intraprendere, la mancanza di scopi, di obbiettivi, di incentivi.

Probabilmente il parametro importante da considerare, nel gestire con successo le possibili menzogne a seguito di guasti digitali, risiede nella cultura dell'organizzazione. Il problema è come creare e mantenere in azienda una cultura che impedisca che le prove del guasto vengano soppresse per il timore del biasimo.

Alcune strade da seguire possono includere:

In primo luogo, creare un impegno emotivo che risulti nel fatto che la persona non si senta frustrata a seguito di un guasto od un disastro. Questo lo si può ottenere con le seguenti metodologie:

Quando si verificano errori (e succederà sicuramente), prendere il tempo necessario per scoprire cosa è realmente accaduto e creare le condizioni affinché i dipendenti abbiano fiducia in quel giudizio. L'intelligenza e l'apprendimento non sono statici. Si lodi il processo di analisi del guasto, non il risultato.

Si incoraggi la sperimentazione, la creazione di modelli di situazioni che conducono al guasto. Le nuove tecnologie porteranno nuovi modi di malfunzionamento: il conformismo limita la sperimentazione.

Si incoraggi il personale a chiedere aiuto: le persone necessitanti di aiuto spesso sottostimano la disponibilità dei colleghi; e la probabilità che una richiesta di aiuto si traduca in un si.

Sollecitare i feedback negativi: lo si faccia vedere come utile, invece di come un attacco alla competenza; e, quando viene dato un feedback negativo, prestare attenzione al fatto che il feedback richieda un qualche tipo di azione. Se la richiede si faccia in modo che venga eseguita.

Un secondo parametro importante è la tipologia di sistemi che sono in uso nell'organizzazione. Tali sistemi dovrebbero essere progettati, e via via migliorati, con meccanismi che guidano l'apprendimento, l'auto-correzione e la resilienza per obiettivi a lungo termine. In questo caso alcune strade da seguire possono includere:

Riconoscere il valore di una lista di controllo e dei suoi componenti; la cosiddetta "check list". Ciò è sorprendentemente ovvio, ma può essere disastroso se alcuni elementi sono mancanti. L'esperienza e gli errori commessi possono purtroppo aiutare a rendere completa questa lista.

Usare la tecnica di pre-mortem (termine macabro, ma definisce bene lo scopo): il team di lavoro viene invitato a prendere in considerazione i motivi per cui un progetto può andare storto prima ancora che esso sia stato messo in atto. Secondo lo psicologo Gary Klein, il "prospettico senno di poi" aumenta del 30% la capacità delle persone di identificare correttamente le cause dei risultati futuri.

Inserire, nelle attività di sistema, metodologie provenienti da altri settori come l'EMT (Error Management Training) usato nei trasporti australiani, o PACE (Probe, Alert, Challenge, Emergency) usato anche nel settore sanitario.

Prestare attenzione a ciò che i vari modelli di dati di osservazione possono rivelare: essi possono rivelare solo la punta di un iceberg. Progettare ed eseguire sperimentazioni intelligenti attraverso controlli random, quando e dove possibile.

E poi: creare una consapevole "distanza fisica" dal problema in questione. Suddividere grandi processi e procedure in piccole parti, e poi affrontare ciascuno di essi separatamente.

E quando gli errori accadono, ammetterlo nella fase iniziale, imparare da essi e (se possibile) aggiustarli quando sono ancora di piccole dimensioni. Chiedere al personale di fare immediato rapporto quando si palesa un errore. E poi formattare e normalizzare i dati, e aumentarne il tasso di adozione.

Da ultimo: semplicità. Le conoscenze necessarie e acquisite devono essere tradotte in una forma semplice, e utilizzabile in maniera sistematica.

* * *

Chi è interessato ad approfondire i temi psicologici può consultare:

- "Mindset" – Carol S. Dwerck
- "Black Box Thinking"- Mathew Syed
- "Thinking, Fast and Slow" – Daniel Kahneman

A chi invece è interessato alla parte tecnico-strategica, suggerisco questi link:

http://www.windriver.com/whitepapers/security-in-the-internet-of-things/wr_security-in-the-internet-of-things.pdf

https://www.ftc.gov/system/files/documents/public_statements/617191/150106cesspeech.pdf

https://gigaom.com/2014/01/22/the-internet-of-things-needs-a-new-security-model-which-one-will-win/

http://www.trendmicro.com/vinfo/us/security/news/internet-of-things/fbi-warns-public-on-dangers-of-the-internet-of-things

2. INDUSTRIA 4.0 – SARA' UNA RIVOLUZIONE ANTROPOLOGICA: VEDIAMO CIÒ CHE CI PROMETTE

> « Le leggi della storia sono assolute come quelle della fisica, e se in essa le probabilità di errore sono maggiori, è solo perché la storia ha a che fare con gli esseri umani, che sono assai meno numerosi degli atomi, ed è per questa ragione che le variazioni individuali hanno un maggior valore. »
> (Parole di Bayta Darell, Fondazione e Impero, cap. 11 - Asimov)

***

Se Asimov si svegliasse oggi e si guardasse attorno, direbbe sicuramente: "L'avevo previsto!", con un anticipo di, diciamo, 65 anni.

Tra le tante cose, infatti, che Asimov scrisse, di particolare fascino è la sua "Psicostoria"; ossia quella sua scienza immaginaria, presente nei libri del ciclo della Fondazione, in grado di prevedere l'evoluzione della società umana. I presupposti della Psicostoria sono statistici e molto verosimili dal punto di vista scientifico teorico (Asimov, come sapete, era anche uno scienziato) perché si basano su un numero elevatissimo di dati: secondo la Psicostoria, infatti, uno dei cinque presupposti per rendere valida una previsione, è che si faccia su un numero minimo di un centinaio di miliardi di intelligenze umane. Il che, in un'epoca molto futura, in cui i mondi conosciuti e raggiungibili sono miliardi di miliardi, rende plausibile la raccolta di dati in tale quantità. Ma una delle parti più interessanti della Psicostoria è nel fatto che esisteva una sola, limitata, élite di personaggi in grado di sapere come raccogliere i dati e come interpretarli. Questo talento, dava quindi a questa élite un enorme potere; poiché erano in grado di prevedere il futuro.

E questa è la sfida che oggi dobbiamo affrontare, all'alba di "INDUSTRIA 4.0". Trovare i dati; leggerli e applicarli; per il futuro delle nostre aziende; e magari anche per il presente.

Cosa sia "INDUSTRIA 4.0" non è ancora chiaro a molti; ma una cosa è certa: NON E' RELEGATA AL COMPARTO PRODUTTIVO E MANUFATTURIERO, MA PERMEA TUTTA LA CATENA DEL VALORE. INTERNO ED ESTERNO ALL'AZIENDA. Prodotti intelligenti, interconnessi, che comunicano con gli utenti e con altri sistemi, forniranno a loro volta nuovi modelli di business digitali che sfrutteranno i dati raccolti per offrire servizi aggiuntivi e magari in modalità "as-a-service". Prodotti che, sistemati nelle catene produttive e collegati con la vendita, moduleranno la produzione non solo sulla base quantitativa, ma anche sulle prestazioni e sulla qualità. Un "just in time" immediato; con reazioni in tempo reale sia delle catene di vendita, che di quelle di marketing, di montaggio e finanziarie. Questo è il nucleo dell'industria digitale 4.0: sistemi interconnessi, molto intelligenti, che non solo creano una catena del valore ad ampio spettro, ma sono in grado di farla evolvere, con minimi tempi di attesa; ascoltando le richieste di mercato e quelle interne all'azienda (es. pianificazione finanziaria e logistica).

Ma dal punto di vista umano cosa comporta?

Prima di rispondere alla domanda desidero mettere in luce due punti:

Primo: poiché la pianificazione di un prodotto (intesa ad ampio spettro: dalla individuazione della necessità del cliente, alla ingegnerizzazione, costruzione, promozione e vendita) verrà fatta da macchine, essa sarà OGGETTIVA. Ossia non dipenderà più molto dal talento del direttore Marketing, o da quello Vendite, o dal Direttore di Produzione; ma dipenderà soprattutto dal TALENTO DI CHI SAPRA' RACCOGLIERE I DATI, INTERPRETARLI E ADOPERARLI. Un po' come il talento della élite di psicostorici nei libri di Asimov.

Secondo: molti prodotti e servizi diventeranno "commodities" ; ossia beni per cui c'è domanda ma che sono offerti senza differenze qualitative sul mercato e che sono fungibili indipendentemente da chi lo produce. La disponibilità, infatti, di software e piattaforme a basso prezzo per pilotare sistemi aziendali "INDUSTRIA 4.0", renderà possibile, anche a piccole e medie aziende, di produrre beni avanzati con tecniche di ottimizzazione che potevano permettersi, prima, solo le grandi aziende. Se siete curiosi di questo aspetto, andatevi a leggere qualcosa sulla piattaforma open-source "Arduino"; oppure su la "Libelium", studiata appositamente per e-Health. Il prodotto non sarà più (come in un supermercato) la parte più importante della catena del valore; ma gli elementi strategici saranno altri; come logistica, soddisfazione e fidelizzazione del cliente, capacità di gestione finanziaria flessibile, eccetera. Tutte funzioni pilotabili da "dati".

Ci sarà una pletora di nuove tecnologie da utilizzare: sensori a basso prezzo e miniaturizzati, sistemi di gestione meccanica remotizzati, apparati indossabili, realtà virtuale e "augmented humanity"; apparati che daranno la possibilità di filtrare le conversazioni da altri rumori o di produrre fotografie immediate con la visione pupillare; oppure che saranno in grado di capire il gradimento di una particolare musica, in base alla frequenza cardiaca. Tutte tecnologie che produrranno "dati".

Tutte tecnologie e piattaforme disponibili per tutti e in ogni parte del globo; più o meno nello stesso momento; tutte tecnologie che hanno l'Uomo come riferimento. O per sostituirlo con funzioni fatte da macchine che operano sulla base di dati inseriti in maniera dinamica; oppure mettendolo al centro di una grande "consolle di comando" che viene condotta in base ai dati raccolti.

In entrambi i casi l'evoluzione antropologica sarà enorme; in entrambi i casi, forse in tutti i casi, l'Uomo dovrà gestire soprattutto Dati.

3. "INDUSTRIA 4.0" : UNO SGUARDO AL DI LA' DELLA SIEPE

Entriamo con qualche ulteriore dettaglio nel merito di questa nuova e rivoluzionaria era della digitalizzazione delle aziende.

***

INDUSTRIA 4.0, come detto prima, è molto di più di un nuovo metodo di produzione; e travalica il fatto di essere una mera "digitalizzazione dell'azienda". I risvolti positivi dovrebbero essere molti, e vanno dalla fornitura di dati e piattaforme come nuovi prodotti, alla fidelizzazione di clienti e fornitori, alla globalizzazione. Ma anche le sfide non sono poche; come la sicurezza, la necessità di "investimenti al buio", gli aspetti sociali e politici. Tutti fattori avvolti ancora in grande indeterminazione. Con una sola certezza: per perseguire questa rivoluzione bisogna guardare al di là della siepe.

La datazione del termine "INDUSTRIA 4.0" è molto probabilmente il 2011, quando Henning Kagermann, capo della Acatech (Accademia Nazionale Tedesca di Scienze e Tecnologia) usò esattamente questo termine per descrivere un progetto sponsorizzato dal governo. Possiamo quindi anche ritenere che questo "movimento" sia iniziato in Germania da alcuni anni; e già ora, infatti, alcune delle più importanti aziende tedesche hanno fatto buoni progressi in questa direzione: il loro elenco comprende Basf, Bosch, Daimler, Deutsche Telekom, Klokner & CO. e Trumpf. Il fenomeno si sta però alacremente diffondendo un po' dappertutto; in particolare negli USA, Giappone, Cina, le "Nordic", e UK. E molte di queste nazioni hanno già sopravanzato la Germania (es. Giappone). Alcuni osservatori considerano che la stessa Germania, leader mondiale nella produzione tecnologica, potrebbe ricevere sensibili danni da questa rivoluzione, che agevola anche piccole aziende e paesi emergenti.

Come noto il termine INDUSTRIA 4.0 si riferisce ad un insieme di diversi settori digitali innovativi; quasi tutti oggi riferentisi al segmento manifatturiero. Questo insieme contiene: robotica avanzata e intelligenza artificiale, sensoristica sofisticata, cloud computing, IoT, data capture e analitics, 3D printing, software-as-a-service, marketing digitale, dispositivi mobili, algoritmi per la guida senza pilota o comunque autonoma, e molto altro. Il tutto incapsulato in una catena del valore interoperabile a livello globale e quindi condivisibile da molte aziende di ogni dimensione in nazioni diverse. Queste tecnologie sono spesso pensate come separate, ma quando esse si integrano, sono in grado di fondere assieme il mondo fisico con quello virtuale: un mutamento che è una rivoluzione e che è interessante capire.

Nel 2015 PWC ha elaborato un rapporto raccogliendo dati su più di 2.000 aziende di 26 paesi; includendo settori come aerospaziale, difesa, automotive, chimica, elettronica, engineering, costruzioni, produzione di carta e di packaging, trasporti e logistica. Un terzo degli intervistati ha affermato che le loro aziende hanno già raggiunto un buon livello di digitalizzazione e integrazione e l'86% si aspetta di ottenere elevate riduzioni di costi e incrementi di fatturato. Il 55% degli intervistati ha dichiarato di aspettarsi un ritorno sugli investimenti di meno di due anni.

Gli incrementi di fatturato provengono in gran parte dall'offerta di profili digitali aggiuntivi oppure con la fornitura di analytics ai clienti. Con l'aumento di operatività 4.0 all'interno di un'azienda, essa si accorgerà però che i benefici andranno molto oltre il semplice vendere nuove tipologie di prodotti; ma vedrà che la propria azienda è più efficiente, perché essa fa parte di un unico ecosistema completamente interconnesso di fornitori, clienti, distributori, partner e dipendenti. Collegato poi ad altre reti similari nel mondo.

Ma cosa c'è di nuovo in questa rivoluzione? Cosa c'è di diverso rispetto ad essere un nuovo metodo di produrre? Vediamo quali sono gli elementi innovativi di "INDUSTRIA 4.0":

FUSIONE DI REALE CON VIRTUALE: "COSCIENZA" DEI MACCHINARI. Sotto il paradigma INDUSTRIA 4.0, la progettazione del prodotto ed il suo sviluppo possono aver luogo in laboratori simulati che utilizzano modelli digitali virtuali. I prodotti fisici acquisiscono forma tangibile solamente dopo che tutti i problemi di progettazione e ingegnerizzazione sono stati risolti. Ma non è tutto: le reti di macchinari produttivi diventano "coscienti" e sono in grado di rispondere rapidamente non solo a comandi umani o del software di produzione, ma anche alle loro stesse percezioni.

"INDUSTRIA 4.0" PORTERA' UNA MAGGIOR FIDELIZZAZIONE DEI DIPENDENTI. Tra le riduzioni di costi c'è un elemento interessante emerso dall' indagine di PWC: poiché la "produzione 4.0" pare renda il cliente più soddisfatto, anche gli stessi dipendenti del produttore ne risultano più appagati e soddisfatti e quindi incentivati a rimanere in azienda. E ciò abbassa i costi di training e supporto dovuti al turnover del personale.

IL PROBLEMA DI ESSERE "FIRST MOVER" E LA SICUREZZA. Vi sono molte sfide associate ad "INDUSTRIA 4.0", tra cui il dover completamente aprire i propri dati verso l'esterno; e questo può rappresentare un problema per molti. Inoltre ci si deve aspettare di dover fare considerevoli investimenti con buon anticipo rispetto ai risultati attesi. Tenendo anche presente che molti aspetti degli stessi processi di questo paradigma non sono ancora ben conosciuti.

I LEADER DI "INDUSTRIA 4.0" COSTRUISCONO E VENDONO PIATTAFORME

INTEROPERABILI. Tra i più avanzati "first movers" ci sono sicuramente Amazon, Apple, eBay, Facebook, Google e Microsoft. Le loro piattaforme sono gioielli di interoperabilità, e permettono ad una vasta gamma di clienti e partner di poter interoperare. Consideriamo che Apple e Google ottengono più 30% del loro fatturato utilizzando queste piattaforme. Ebbene, non solo queste piattaforme sono già accessibili da clienti e fornitori, ma possono essere considerate come "modelli" di gestione ed utilizzabili in molti casi, comunque, da altre aziende. Non solo: GE e Siemens, oltre ad usare esse stesse questi sistemi, si stanno posizionando già come fornitori di piattaforme interoperabili. Entrambe hanno infatti sviluppato sistemi cloud per interconnettere macchinari e sistemi (enterprise resource planning systems) di diverse aziende, fornendo anche loro gli analytics.

OTTIMALE "LOCK-IN" DEL CLIENTE. Con "INDUSTRIA 4.0" la fidelizzazione del cliente è quasi automatica: l'investimento effettuato dal cliente per connettersi, i benefici ottenuti, e la complessità dei sistemi coinvolti sono fattori sicuramente incoraggianti nel non cambiare fornitore. Anche se, un'opposta scuola di pensiero, afferma che in realtà, considerando la generale futura standardizzazione di questi sistemi, dovrebbe essere relativamente facile lo "switchover". Alcuni assimilano (e magari auspicano) questo fenomeno a quello dell'interfaccia USB.

"INDUSTRIA 4.0" ACCELERA LA GLOBALIZZAZIONE. I sistemi non solo vengono integrati localmente, ma anche a livello globale; con partner e aziende similari. Le aziende asiatiche, soprattutto di Cina e Giappone, intendono sfruttare ampiamente questa caratteristica; secondo PWC le aziende giapponesi sono oggi le più avanzate in questa rivoluzione. Interessante però notare come, per merito di questa globalizzazione, grandi vantaggi potranno essere ottenuti dalle aziende dei paesi emergenti che potranno cominciare a fornire non solo materie prime, ma anche componentistica e forza lavoro intellettuale.

DIVENTARE VIRTUOSI NEL "DATA ANALYTICS". Il successo di questa rivoluzione sta nella raccolta e interpretazione di una grande mole di dati cross-funzionali; imparando a trarre valore dei dati, che possono essere ben considerati un interessante ulteriore prodotto da fornire ai clienti.

PRODURRE "UNO" AL COSTO DELLA "MASS PRODUCTION". le infrastrutture interconnesse in alcuni casi stanno già trasformando il modo di produrre. Vi sono già aziende, che, seguendo i "paradigmi 4.0", sono in grado non solo di tenere traccia di ogni particolare di produzione, ma anche di spedire ai clienti gli "upgrade" dei prodotto venduti, nello stesso modo in cui oggi otteniamo gli aggiornamenti dei nostri software. Queste aziende stanno poi imparando la "customizzazione di massa"; ossia la capacità di produrre prodotti a lotti di uno con la stessa efficienza di costi di come si poteva fare una produzione di massa nel 20mo secolo; ma con la differenza che questo "uno" lo si può produrre secondo le specifiche esatte del cliente.

ASPETTI POLITICI E SOCIALI DI "INDUSTRIA 4.0". In un momento storico, nel quale molti governi stanno pensando di rendere più difficile il commercio internazionale, INDUSTRIA 4.0 porta alcuni interessanti elementi di interesse. Non è escluso infatti che (v. Brexit) possa essere più difficile per le persone espatriare per lavoro e per le aziende esportare prodotti verso alcune destinazioni. Ma questa rivoluzione industriale potrebbe contribuire ad ovviare questi problemi, abilitando le aziende ad esportare software e proprietà intellettuali, mantenendo invece la produzione a livello locale. Con la diffusione della stampa 3D, ad esempio, sarà possibile produrre componenti dovunque si voglia, senza la necessità di esportarli fisicamente. Le attività produttive diventeranno, allo stesso tempo, più locali e più globali. Ci sono ovviamente dei problemi da risolvere, man mano che questi si presenteranno. Uno dei problemi è la prevista possibile variazione di tasse all'import-export, dovute alla diminuzione di valore del singolo prodotto fisico e all'aumentare di valore della proprietà intellettuale e del supporto online. E inoltre: questo tipo di produzione aumenterà i posti di lavoro, oppure questi diminuiranno, soppiantati dalla tecnologia? Di sicuro le nuove sfide e i nuovi rischi si presenteranno in modo diverso dal quale eravamo abituati a vederli.

4. ATTENTI A NON FARCI DISTRUGGERE LE AZIENDE DA INDUSTRIA 4.0

INDUSTRIA 4.0 rappresenta la prossima rivoluzione industriale, con tutti i cambiamenti sociali che questo comporta. Proprio come l'acqua, il vapore e l'energia elettrica hanno fatto in passato, questa rivoluzione avrà impatto praticamente su tutti gli aspetti di come il business (e le persone in esso) funziona.

***

Ciò perché la rivoluzione tecnologica ha offuscato i confini tra il mondo digitale e quello fisico; e in alcuni casi, addirittura, dovremmo dire che ha offuscato i confini tra mondo reale e mondo virtuale....(già oggi si addestrano piloti d'aviazione con videogames progettati ad-hoc). In futuro una miriade di sistemi intelligenti e interconnessi svolgeranno attività aziendali su tutta la catena del valore, non solo su manifatturiero, e senza soluzione di continuità.

Prodotti intelligenti, interconnessi, che comunicano con gli utenti e con altri sistemi, forniranno a loro volta nuovi modelli di business digitali che sfrutteranno i dati raccolti per offrire servizi aggiuntivi e magari in modalità "as-a-service". Prodotti che, sistemati nelle catene produttive e collegati con la vendita, moduleranno la produzione non solo sulla base quantitativa, ma anche sulle prestazioni e sulla qualità. Un "just in time" immediato; con reazioni in tempo reale sia delle catene di vendita, che di quelle di marketing, di montaggio e finanziarie. Questo è il nucleo dell'industria digitale 4.0: sistemi interconnessi, molto intelligenti, che non solo creano una catena del valore ad ampio spettro, ma sono in grado di farla evolvere, con minimi tempi di attesa; ascoltando le richieste di mercato e quelle interne all'azienda (es. pianificazione finanziaria e logistica). In grado di creare, e questo è importante, modelli di sviluppo aziendale oggettivi: basati su dati reali e condivisi e non sulla competenza di singoli individui; che oggi ci sono e domani possono andare a lavorare alla concorrenza.

E QUI STA IL PRIMO PROBLEMA: la competenza degli individui non sarà necessariamente nel creare e produrre prodotti adatti al mercato (a questo penseranno le macchine); ma starà nel capire come pilotare queste macchine per ottenere il meglio. Non è detto che dobbiamo buttare tutti i libri di marketing, vendita e produzione che abbiamo; semplicemente non basteranno se vogliamo vincere la concorrenza.

IL SECONDO PROBLEMA è che, quasi sicuramente, molti prodotti diventeranno "commodities". Dove, come si sa, con questo termine si indica un bene per cui c'è domanda ma che è offerto senza differenze qualitative sul mercato ed è fungibile indipendentemente da chi lo produce. Buona notizia per le piccole aziende; meno buona per quelle grandi, che potevano dotarsi di numerosi talenti, nel marketing di prodotto, nelle vendite, nella produzione, eccetera. Come detto, molti di questi skill verranno devoluti alle macchine, che useranno software standardizzati e quasi sicuramente a basso costo per merito della globalità degli utilizzatori; alla portata quindi anche delle piccole aziende. Pertanto, se ogni azienda del globo può utilizzare "smart manufacturing" e tecnologie automatizzate per fare produzioni di qualità a basso costo, come può un'azienda differenziarsi?

Come posso avere minori costi e maggiore efficienza di un concorrente? Come posso essere, ad esempio, più veloce nel soddisfare i clienti; e più globale nella distribuzione? Come posso far evolvere la mia azienda da "aggredita", dal 4.0, ad "aggressore"?

Prima di rispondere vi faccio l'esempio del supermercato; settore principe delle commodity. Se un cliente entra nel supermercato per comprare olio d'oliva Brambilla (nome inventato); e non trova l'olio Brambilla, non esce a mani vuote; ma cercherà un olio simile come prezzo e qualità. Inoltre: il supermercato non fa magazzino nel punto vendita; i magazzini sono all'esterno delle città e fanno in modo che ci sia sempre il prodotto giusto al posto giusto nel punto vendita. Se manca l'olio Brambilla, il magazzino viene informato tempestivamente e rifornito. Rifornito non necessariamente di olio Brambilla: il responsabile di prodotto può decidere, visto il successo dell'olio Brambilla, di mettere nella stessa posizione di scaffale un olio prodotto dal marchio del supermercato o un olio di un altro produttore, da vendere allo stesso prezzo ma con un costo inferiore.

Nell'INDUSTRIA 4.0, similmente, dobbiamo cambiare atteggiamenti mentali; considerando come il "prodotto" non sia la parte più importante della catena del valore; e dobbiamo cercare di capire quali siano per il nostro business i veri valori strategici. Aspetti (ad esempio) come migliore, e meglio distribuita, connettività e migliore disponibilità di dati; assieme ad algoritmi in grado di decifrarli, si dovranno combinare con la produzione, ridisegnando completamente la catena del valore del prodotto.

Prendiamo ad esempio l'aspetto "big data" e "data analytics": secondo Forbes il 72% delle organizzazioni americane prevede che l'uso di "data analytics" migliorerà grandemente le relazioni che hanno con i loro clienti. Con dati in tempo reale, e l'opportuna potenza di calcolo per interpretarli, nuovi prodotti potranno così essere sviluppati seguendo i suggerimenti dei clienti. E' l'abilità di ottenere questi dati, di interpretarli e di usarli nella catena del valore del prodotto, che permetterà la differenziazione.

Usare stampanti 3D, ad esempio, renderà possibile lo sviluppo di interamente nuovi processi di prototipizzazione e produzione; con minimo intervento umano. Una lavastoviglie guasta invierà un regnale al CAD della casa produttrice che invierà il file alla stampante 3D; per la produzione del pezzo.

Per ottenere il meglio da industria 4.0 si dovranno, ovviamente, adottare solidi modelli digitali di business. Ma le aziende debbono iniziare già oggi a dotarsi degli opportuni talenti e partner; altrimenti, semplicemente, saranno escluse dal mercato.

5. L'INTERNET DELLE COSE (IoT)

> *L'Internet of Things (IoT) descrive la rete di oggetti fisici - "cose" - incorporati con sensori, software e altre tecnologie allo scopo di connettere e scambiare dati con altri dispositivi e sistemi su Internet. Questi dispositivi vanno dai normali oggetti domestici a sofisticati strumenti industriali. Con oltre 7 miliardi di dispositivi IoT connessi oggi, gli esperti prevedono che questo numero crescerà fino a 22 miliardi entro il 2025.*

***

PERCHÉ L'IOT È COSÌ IMPORTANTE?

Negli ultimi anni l'IoT è diventata una delle tecnologie più importanti del 21° secolo. Ora che possiamo connettere oggetti di uso quotidiano - elettrodomestici da cucina, automobili, termostati, baby monitor - a Internet tramite dispositivi incorporati, è possibile una comunicazione senza interruzioni tra persone, processi e cose.

Per mezzo di elaborazione a basso costo, cloud, big data, analisi e tecnologie mobili, le cose fisiche possono condividere e raccogliere dati con un intervento umano minimo. In questo mondo iperconnesso, i sistemi digitali possono registrare, monitorare e regolare ogni interazione tra le cose connesse. Il mondo fisico incontra il mondo digitale e loro collaborano.

QUALI TECNOLOGIE HANNO RESO POSSIBILE L'IOT?

Sebbene l'idea dell'IoT esista da molto tempo, una raccolta di recenti progressi in una serie di tecnologie diverse l'ha resa pratica.

Accesso alla tecnologia dei sensori a basso costo e bassa potenza. Sensori convenienti e affidabili stanno rendendo possibile la tecnologia IoT per più produttori.

Connettività. Una serie di protocolli di rete per Internet ha reso facile connettere i sensori al cloud e ad altre "cose" per un trasferimento dati efficiente.

Piattaforme di cloud computing. L'aumento della disponibilità delle piattaforme cloud consente sia alle aziende che ai consumatori di accedere all'infrastruttura di cui hanno bisogno per scalare senza dover effettivamente gestire tutto.

Apprendimento automatico e analisi. Con i progressi nell'apprendimento automatico e nell'analisi, insieme all'accesso a una vasta e varia quantità di dati archiviati nel cloud, le aziende possono raccogliere informazioni più rapidamente e più facilmente. L'emergere di queste tecnologie alleate continua a spingere i confini dell'IoT, e i dati prodotti dall'IoT alimentano anche queste tecnologie.

Intelligenza artificiale conversazionale (AI). I progressi nelle reti neurali hanno portato l'elaborazione del linguaggio naturale (PNL) ai dispositivi IoT (come gli assistenti personali digitali Alexa, Cortana e Siri) e li hanno resi attraenti, convenienti e fattibili per l'uso domestico.

COS'È L'IoT INDUSTRIALE?

L'IoT industriale (IIoT) si riferisce all'applicazione della tecnologia IoT in contesti industriali, in particolare per quanto riguarda la strumentazione e il controllo di sensori e dispositivi che utilizzano tecnologie cloud. Recentemente, le industrie hanno utilizzato la comunicazione machine-to-machine (M2M) per ottenere automazione e controllo wireless. Ma con l'emergere del cloud e delle tecnologie affini (come l'analisi e l'apprendimento automatico), le industrie possono raggiungere un nuovo livello di automazione e con esso creare nuovi modelli di entrate e di business. L'IIoT è talvolta chiamato la quarta ondata della rivoluzione industriale o Industria 4.0. Di seguito sono riportati alcuni usi comuni per IIoT:

- Produzione intelligente
- Manutenzione preventiva e predittiva
- Reti elettriche intelligenti
- Città intelligenti
- Logistica connessa e intelligente
- Catene di fornitura digitali intelligenti
- Sblocca il valore aziendale con l'IoT

Man mano che l'IoT diventa più diffuso sul mercato, le aziende stanno capitalizzando l'enorme valore di business che può offrire. Questi vantaggi includono:

- Ricavare "insight" basati su dati ottenuti da IoT per aiutare a gestire meglio il business
- Aumentare la produttività e l'efficienza delle operazioni aziendali

- Creazione di nuovi modelli di business e flussi di entrate
- Connetti facilmente e senza problemi il mondo del business fisico al mondo digitale per accelerare il "time to value"

COSA SONO LE APPLICAZIONI IoT?

Le applicazioni IoT sono applicazioni SaaS (Software-as-a-Service) predefinite, in grado di analizzare e presentare i dati acquisiti dai sensori IoT em presentati agli nutenti aziendali aziendali tramite una dashboard (pannello di controllo).

Le applicazioni IoT utilizzano algoritmi di apprendimento automatico per analizzare enormi quantità di dati dei sensori connessi nel cloud. Utilizzando "dashboard" e avvisi IoT in tempo reale, si ottiene visibilità su indicatori di (ad esempio) prestazioni chiave, statistiche per il tempo medio tra i guasti, e altre informazioni. Gli algoritmi basati sull'apprendimento automatico possono identificare le anomalie delle apparecchiature e inviare avvisi agli utenti e persino attivare correzioni automatiche o contromisure proattive.

Con le applicazioni IoT basate su cloud, gli utenti aziendali possono migliorare rapidamente i processi esistenti per catene di fornitura, servizio clienti, risorse umane e servizi finanziari. Non è necessario ricreare interi processi aziendali.

QUALI SONO LE MIGLIORI APPLICAZIONI IoT?

La capacità dell'IoT di fornire informazioni sui sensori e di abilitare la comunicazione da dispositivo a dispositivo sta guidando un ampio insieme di applicazioni. Qui di seguito una descrizione di massima di alcune delle applicazioni più popolari e le loro funzioni.

L'IoT crea nuove efficienze nella produzione attraverso il monitoraggio della macchina e il monitoraggio della qualità del prodotto. Le macchine possono essere continuamente monitorate e analizzate per assicurarsi che funzionino entro le tolleranze richieste. I prodotti possono anche essere monitorati in tempo reale per identificare e risolvere i difetti di qualità.

Alcune applicazioni migliorano il monitoraggio e il "ring-fencing" delle risorse fisiche. Il monitoraggio consente alle aziende di determinare rapidamente la posizione delle risorse. Il "ring-fencing" consente loro di assicurarsi che i beni di alto valore siano protetti dal furto e dalla rimozione.

Altre applicazioni usano i dispositivi indossabili per monitorare le analisi sulla salute umana e le condizioni ambientali. I dispositivi indossabili IoT consentono alle persone di comprendere meglio la propria salute e consentono ai medici di monitorare a distanza i pazienti. Questa tecnologia consente inoltre alle aziende di monitorare la salute e la sicurezza dei propri dipendenti, il che è particolarmente utile per i lavoratori impiegati in condizioni pericolose.

Certe applicazioni promuovono efficienze e nuove possibilità nei processi esistenti. Un esempio di ciò è l'uso dell'IoT per aumentare l'efficienza e la sicurezza nella gestione della flotta di auto aziendali. Le aziende possono utilizzare il monitoraggio della flotta per dirigere i camion, in tempo reale, e per migliorare l'efficienza.

Consentono modifiche ai processi aziendali. Un esempio di ciò è l'uso di dispositivi IoT per monitorare lo stato di salute delle macchine remote e per attivare le chiamate di servizio per la manutenzione preventiva. La capacità di monitorare in remoto le macchine sta anche abilitando nuovi modelli di business del prodotto come servizio, in cui i clienti non hanno più bisogno di acquistare un prodotto ma pagano invece per il suo utilizzo.

QUALI SETTORI POSSONO TRARRE VANTAGGIO DALL'IOT?

Le organizzazioni più adatte per l'IoT sono quelle che trarrebbero vantaggio dall'utilizzo di dispositivi di sensori nei loro processi aziendali.

Produzione

I produttori possono ottenere un vantaggio competitivo utilizzando il monitoraggio della linea di produzione per consentire la manutenzione proattiva delle apparecchiature quando i sensori rilevano un guasto imminente. I sensori possono effettivamente misurare quando la produzione è compromessa. Con l'aiuto degli avvisi dei sensori, i produttori possono controllare rapidamente l'accuratezza dell'attrezzatura o rimuoverla dalla produzione fino a quando non viene riparata. Ciò consente alle aziende di ridurre i costi operativi, ottenere tempi di attività migliori e migliorare la gestione delle prestazioni dei loro apparati.

Settore automobilistico

L'industria automobilistica sta per realizzare vantaggi significativi dall'uso di applicazioni IoT. Oltre ai vantaggi derivanti dall'applicazione dell'IoT alle linee di produzione, i sensori possono rilevare guasti imminenti alle apparecchiature nei veicoli già in circolazione e possono avvisare il conducente con dettagli e raccomandazioni. Grazie alle informazioni aggregate raccolte dalle applicazioni basate sull'IoT, i produttori e i fornitori automobilistici possono saperne di più su come mantenere le auto in funzione e i proprietari di auto informati.

Trasporti e logistica

I sistemi di trasporto e logistici traggono vantaggio da una varietà di applicazioni IoT. Le flotte di auto, camion, navi e treni che trasportano l'inventario possono essere dirottate in base alle condizioni meteorologiche, alla disponibilità dei veicoli o ai conducenti, grazie ai dati dei sensori IoT. L'inventario stesso potrebbe anche essere dotato di sensori per il monitoraggio della tracciabilità e del controllo della temperatura. Le industrie alimentari e delle bevande, dei fiori e dei prodotti farmaceutici spesso trasportano scorte sensibili alla temperatura che trarrebbero grandi vantaggi dalle applicazioni di monitoraggio IoT che inviano avvisi quando le temperature aumentano o scendono a un livello che minaccia il prodotto.

Al dettaglio

Le applicazioni IoT consentono alle aziende di vendita al dettaglio di gestire l'inventario, migliorare l'esperienza del cliente, ottimizzare la catena di fornitura e ridurre i costi operativi. Ad esempio, scaffali intelligenti dotati di sensori di peso possono raccogliere informazioni basate su RFID e inviare i dati alla piattaforma IoT per monitorare automaticamente l'inventario e attivare avvisi se gli articoli stanno per esaurirsi.

Settore pubblico

I vantaggi dell'IoT nel settore pubblico e in altri ambienti correlati ai servizi sono altrettanto ampi. Ad esempio, le utility di proprietà del governo possono utilizzare applicazioni basate sull'IoT per notificare ai propri utenti interruzioni di massa e persino interruzioni minori dei servizi idrici, elettrici o fognari. Le applicazioni IoT possono raccogliere dati riguardanti l'ambito di un'interruzione e distribuire risorse per aiutare le utilità a riprendersi dalle interruzioni con maggiore velocità.

Assistenza sanitaria

Il monitoraggio delle risorse IoT offre molteplici vantaggi al settore sanitario. Medici, infermieri e inservienti spesso hanno bisogno di conoscere la posizione esatta delle risorse di assistenza ai pazienti come le sedie a rotelle. Quando le sedie a rotelle di un ospedale sono dotate di sensori IoT, possono essere tracciate dall'applicazione di monitoraggio delle risorse IoT in modo che chiunque ne cerchi una possa trovare rapidamente la sedia a rotelle disponibile più vicina. Molte risorse ospedaliere possono essere monitorate in questo modo per garantire il corretto utilizzo e la contabilità finanziaria per le risorse fisiche in ciascun reparto.

Sicurezza generale in tutti i settori

Oltre a tracciare le risorse fisiche, l'IoT può essere utilizzato per migliorare la sicurezza dei lavoratori. I dipendenti in ambienti pericolosi come miniere, giacimenti di petrolio e gas e centrali chimiche e elettriche, ad esempio, devono conoscere il verificarsi di un evento pericoloso che potrebbe interessarli. Quando sono collegati ad applicazioni basate su sensori IoT, possono essere informati di incidenti o salvati da loro il più rapidamente possibile. Le applicazioni IoT vengono utilizzate anche per i dispositivi indossabili in grado di monitorare la salute umana e le condizioni ambientali. Questi tipi di applicazioni non solo aiutano le persone a comprendere meglio la propria salute, ma consentono anche ai medici di monitorare i pazienti a distanza.

IN CHE MODO L'IOT STA CAMBIANDO IL MONDO? DIAMO UN'OCCHIATA ALLE AUTO "CONNESSE".

L'IoT sta reinventando l'automobile abilitando le auto connesse. Con l'IoT, i proprietari di auto possono azionare le proprie auto da remoto, ad esempio preriscaldando l'auto prima che il conducente vi salga a bordo o chiamando un'auto da remoto per telefono. Data la capacità dell'IoT di abilitare la comunicazione da dispositivo a dispositivo, le auto saranno persino in grado di prenotare i propri appuntamenti di servizio quando necessario.

L'auto connessa consente alle case automobilistiche o ai concessionari di ribaltare il modello di proprietà dell'auto. In precedenza, i produttori avevano una relazione a distanza con i singoli acquirenti (o nessuno). In sostanza, il rapporto del produttore con l'auto era terminato una volta che era stata inviata al rivenditore. Con le auto connesse, le case automobilistiche o i concessionari possono avere un rapporto continuo con i propri clienti. Invece, poi, di vendere l'auto, possono addebitare le tariffe di utilizzo dei conducenti, offrendo un "trasporto come servizio". L'IoT consente ai produttori di aggiornare continuamente le loro auto con un nuovo software, una differenza radicale rispetto al modello tradizionale di proprietà di auto in cui i veicoli si deprezzano immediatamente in termini di prestazioni e valore.

6. ANTROPOLOGIA DIGITALE E INCLUSIONE DIGITALE

"tutto il problema della vita è questo:

*come rompere la propria solitudine;
come comunicare con gli altri"
(Cesare Pavese)*

***

E' tempo di cominciare a pensare meglio all' " inclusione digitale".

In futuro, chi sarà escluso dal digitale, non potrà solo non comunicare: sarà anche più povero, più malato, più affamato.

Mentre gran parte dell'industria delle telecomunicazioni si concentra sulle tecnologie di prossima generazione, come 5G, INDUSTRIA 4.0 e AI, non possiamo trascurare il fatto che ci sono ancora molte persone escluse dal mondo digitale. Ci sono ancora più di 3,8 miliardi di persone che sono offline, e un miliardo di persone senza copertura della banda larga mobile. Qualcuno dirà: "non è grave se non possono usare il telefono cellulare; possono sicuramente comunicare in altro modo".

E invece è grave: chi sarà escluso dal mondo digitale (in alcune aree del globo la soluzione "mobile" è l'unica possibile) sarà sempre più escluso dal mondo reale. Sempre più povero, sempre più affamato e sempre più ammalato.

Finora, se si pensava a questa "inclusione" ci si limitava alla connettività (ricordate il "Digital Divide"?); abbiamo oggi, invece, bisogno di espandere la definizione di inclusione digitale oltre quella di connettività per includere anche applicazioni e competenze.

E, tra l'altro, non possiamo solo semplicemente pensare alle persone e alle aziende nel senso di "grandi aziende"; ma dobbiamo pensare anche, con maggiore attenzione, alle piccole imprese. Perché qui, spesso, il digitale è ancora visto come un costo e non come opportunità.

Per espandere la definizione di inclusione digitale, e per applicarla, i temi fondamentali da affrontare sono quindi:

CONNETTIVITÀ

La connettività è ancora molto importante; è in realtà il fondamento dell'inclusione digitale e bisogna continuare a innovare su di essa per ridurne le barriere; abbattendone i costi e migliorandone la copertura con adozione di tecnologie multiple.

Allo scopo, bisogna assolutamente lavorare con le amministrazioni locali, a stretto contatto, per offrire una migliore connettività digitale a persone e comunità nelle regioni più remote e nei climi estremi del mondo; quindi non solo, semplicemente, nelle città o nelle campagne; ma anche nelle regioni polari e nei villaggi rurali dispersi in foreste o deserti; in tutto il mondo. Proprio dove spesso si annidano miserie e malattie si dovrebbe più investire nella connettività digitale.

Per raggiungere questo obbiettivo si debbono identificare soluzioni di rete specificamente progettate per affrontare sfide regionali orografiche; cito come esempi la soluzione denominata *RuralStar*, che aiuta a collegare comunità rurali in Africa, Asia e Sud America e le soluzioni *5G Air Fiber* per fornire la banda larga di prossima generazione alle popolazioni Inuit nell'Artico canadese.

APPLICAZIONI

Si deve potenziare tutto l'ecosistema di base; fornendo agli sviluppatori e alle PMI piattaforme di sviluppo di facile utilizzo e manutenzione; che consentano loro di creare applicazioni più specializzate per le diverse comunità e industrie loro clienti. Focus nel creare applicazioni ad hoc pensando all' "inclusione" di ogni tipo di cliente; con particolare attenzione agli utilizzatori con disabilità. A questo proposito si debbono focalizzare in particolar modo le disabilità "che impediscono di apprendere": chi non può apprendere, ad esempio non potendo leggere, non è in grado di entrare facilmente nel mondo digitale.

Un esempio è l'applicazione mobile, che un produttore ha sviluppato congiuntamente con l'Unione Europea per i non udenti. Con un avatar di cartoni animati basato su AI, questa applicazione traduce il contenuto dei libri nella lingua dei segni, per aiutare i bambini sordi a superare le barriere quando imparano a leggere. Questa applicazione è attualmente disponibile in 10 lingue diverse e l'obbiettivo è quello di dotare più di 34 milioni di bambini sordi in tutto il mondo degli strumenti necessari per collegare il linguaggio dei segni e la lettura.

Ma ogni comunità ha esigenze diverse: i governi e le industrie debbono collaborare per assicurare che nessuno rimanga indietro. Per creare valore pratico per più comunità e settori, i governi e i costruttori debbono prevedere investimenti per promuovere, ad esempio, le capacità open source, fornire gratuitamente (o a basso costo) piattaforme e strumenti di sviluppo, formare gli sviluppatori, incubare grandi idee e finanziare innovazione.

ABILITÀ

E' fondamentale che le aziende costruttrici di apparati e fornitrici di servizi lavorino a più stretto contatto con i governi, le comunità locali e altre industrie per migliorare le competenze digitali degli individui e della società nel suo complesso.

Oltre ad aiutare le persone a migliorare le proprie competenze digitali, è importantissimo migliorare le competenze digitali tra le organizzazioni di piccole e medie dimensioni. Avere il giusto insieme di consapevolezza e competenze è la chiave per lo sviluppo futuro dei paesi e delle comunità locali, e consentirà alle PMI di competere nell'economia digitale. Non ci sarà 5G o INDUSTRIA 4.0 se non si collegheranno tutte le aziende; indipendentemente dalla loro dimensione. Il non farlo porterà all'esclusione di interi segmenti industriali; e al loro decadimento.

Costruire competenze digitali tra i giovani è anche una delle priorità. Ma non deve essere fatto solo a livello nazionale; deve essere un progetto internazionale; a mezzo, ad esempio, di borse di studio e di gare tra giovani e tra scuole, E le scuole non debbono essere solo università; ma anche scuole superiori. Indubbiamente ciò contribuirà a promuovere uno scambio di conoscenze più approfondito tra scuole e imprese. Interessante l'iniziativa di un costruttore cinese; che ha insegnato le competenze online a 20.000 donne in Bangladesh attraverso la sua scuola di formazione mobile.

LA TECNOLOGIA È BUONA. BISOGNA TRASMETTERLA.

In sintesi: l'inclusione digitale non è un problema che un paese può risolvere solo con la tecnologia; e non si può risolverla in isolamento. Ci vorrà uno sforzo coordinato tra governi, scuole, organizzazioni industriali e imprese; in ogni sezione trasversale della società; e, più persone saranno coinvolte, maggiore sarà l'impatto.

La tecnologia è buona, e deve essere usata sempre di più per il bene degli individui (e non solo per il profitto d'impresa). Fortunatamente questo è già chiaro a molti; e speriamo che sia solo l'inizio: speriamo che sempre più persone si uniscano per amplificare questi sforzi. Così facendo potremo passare i benefici della tecnologia digitale a ogni persona, casa, e organizzazione: per aiutare a costruire un mondo non solo pienamente connesso; ma anche più "intelligente".

7. I ROBOT USATI NELLE AZIENDE SONO "PERSONE ELETTRONICHE" E CI RUBANO LA PENSIONE.

L'Unione Europea, a seguito di un rapporto presentato 2016, potrebbe mettere allo studio una legge per tamponare l'incremento dell'uso di robot; intesa a compensare la perdita di posti di lavoro di esseri umani. E, come risultato, a scoraggiare l'uso di robotica e intelligenza artificiale. Il rapporto dichiara che *robotica e intelligenza artificiale possono danneggiare l'esistenza di una gran parte del lavoro ormai fatto da esseri umani,* sollevando preoccupazioni per il futuro dell'occupazione e per la congruità dei sistemi di sicurezza sociale. La soluzione, secondo il rapporto, è dichiarare i robot "persone elettroniche".

Il percorso legislativo è ancora all'inizio: un piccolo comitato del Parlamento Europeo ne sta discutendo da tempo; e il risultato di queste discussioni verrà poi presentato all'intero Parlamento. Questa discussione più ampia, in realtà, potrebbe durare un certo tempo; infatti, poiché i tentativi di legiferazione, in UE, sono innumerevoli, ad ognuno di essi i parlamentari sono soliti dedicare pochi nanosecondi di attenzione. Ma tant'è: il disegno di legge, anticipato con un rapporto, verrà comunque presentato; e vale la pena analizzarlo; per capirne le logiche e le contro-logiche.

Anche perché quello che tale legge in fieri vorrebbe significare è che, chiunque abbia l'ardire di utilizzare robot nella sua fabbrica, al posto di esseri umani, deve anche essere disposto a pagare le relative imposte previdenziali; come se questi fossero esseri viventi.

Il problema dei robot (se problema è) è che sono molto convenienti per il datore di lavoro. Innanzitutto i robot non vanno in pensione (e quindi, tra l'altro, non debbono essi risparmiare per farsi pensioni integrative); non si ammalano come gli umani; e comunque la loro riparazione, se si guastano, la paga il proprietario, non lo Stato. Non si sposano (almeno per ora), non fanno figli, non hanno una famiglia, non vanno a scuola, eccetera. Ecco perché sono attraenti per un datore di lavoro; soprattutto in un'epoca in cui l'automazione è sempre più economica mentre i lavoratori umani diventano sempre più costosi, indisciplinati e, quindi, socialmente ingombranti.

Ma è appurato che questo incremento di robotizzazione rappresenti una minaccia lampante per il quadro pensionistico generale.

Secondo il rapporto UE sui robot (*), la loro intelligenza crescente, la loro pervasività ed autonomia richiede un ripensamento di tutto, dalla tassazione alle responsabilità legali, e necessita pertanto di uno specifico progetto del Parlamento Europeo. Non siamo ancora alle "tre leggi della robotica" di Asimov, ma non ne siamo lontani; anzi: nel rapporto, queste tre leggi sono specificamente menzionate e considerate applicabili (sic!).

Soluzioni possibili?

Ovviamente se si desse uno stipendio ai robot, preferibilmente medio alto, il tutto verrebbe immediatamente risolto con una congrua tassazione standard alla fonte; ma questo toglierebbe la convenienza per il datore di lavoro. Anche se comunque si dovrebbe pensare che i robot possano essere meno assenteisti, meno pretenziosi (es. niente ticket-restaurant e auto aziendale) e non abbiano bisogno di sindacati.

Ma nel rapporto viene presentata un'altra brillante soluzione:

Nel rapporto, infatti, viene suggerito che ai robot in Europa vengano dati diritti legali, e gli stessi considerati "persone elettroniche". Di conseguenza, i datori di lavoro sarebbero tenuti a pagare i contributi sociali, per conto dei propri lavoratori robot, proprio come fanno per i lavoratori umani.

Nasce però un ovvio problema: se i robot sono "persone" e vengono tassati alla fonte, i soldi relativi alla pensione non vengono dati al robot quando lo si demolisce; e quindi i robot non otterrebbero le pensioni per cui hanno pagato. E questo potrebbe far nascere un problema costituzionale se i robot venissero considerati, come appunto proposto, persone: "persone elettroniche". Non solo; in realtà il problema reale è: "ma se questi soldi non vanno a pagare la pensione del robot, a chi vanno?". La risposta più logica, in Italia, sarebbe : "all'INPS, che penserebbe a ridistribuirli". Ma sono sicuro che questa ventilata soluzione solleverebbe una enorme levata di scudi nel nostro paese.

Il rapporto va anche oltre. Tenendo, infatti, conto degli effetti che lo sviluppo e la diffusione della robotica e intelligenza artificiale potrebbe avere sull'occupazione e, di conseguenza, sulla congruità dei sistemi di sicurezza sociale degli Stati membri, esso raccomanda di tenere in considerazione l'eventuale necessità di introdurre obblighi di comunicazioni aziendali circa la quota del contributo della robotica ai risultati economici di una società; ciò allo scopo di evidenziare la giustezza della tassazione e dei contributi previdenziali pagati. E magari di limitare l'uso di robot.

In pratica, ciò che viene effettivamente detto è che le aziende che impiegano i robot dovrebbero essere tassate più di quelle che non li usano.

Ma è ovvio che questo è un nonsenso.

E' un nonsenso perché l'Uomo usa le macchine perché le macchine rendono più efficiente il proprio lavoro. E storicamente l'Uomo ha sempre cercato di migliorare la propria efficienza lavorativa; usando cani pastore, cavalli, buoi per aratri, leve, carrucole, macchine, computer, robot, intelligenza artificiale. E' giusto scoraggiare questa efficienza considerando che, nella realtà, più meccanizzazione adottiamo e più rendiamo sul lavoro?

E poi come la mettiamo con gli altri continenti che non certificano i robot come "persona elettronica"? Se un robot europeo emigra negli USA (per esempio) per cercare lavoro; il suo datore di lavoro americano dovrà pagare maggiori contributi? Probabilmente no; e questo fatto potrebbe far emigrare una grande quantità di robot europei in altri continenti, perché il loro lavoro, lì, costerebbe di meno. Avremo quindi una fuga di "cervelli elettronici" dall'Europa. Viene però anche detto nel rapporto che altri continenti hanno allo studio il fenomeno robot. E ciò potrebbe portare a trattati di libera circolazione del lavoro robotico.

Sorge l'ovvio dubbio che una migliore efficienza, in Europa, si possa raggiungere rapidamente non togliendo i robot; ma togliendo alcuni umani. Ad esempio alcuni rappresentanti del Parlamento Europeo.

(*) Chi è interessato a leggere il documento UE lo trova a questo link:
http://www.europarl.europa.eu/sides/getDoc.do?pubRef=-//EP//NONSGML+COMPARL+PE-582.443+01+DOC+PDF+V0//EN

8. RIFIUTI DIGITALI: ECCO COSA TROVERANNO DI NOI I NOSTRI POSTERI QUANDO SCAVERANNO, ALLA RICERCA DI NOSTRE VESTIGIA; TRA MIGLIAIA D'ANNI

I nostri pro-pro-pro-nipoti, tra migliaia d'anni, scavando nella terra (facendo cioè un esame di stratigrafia geologica) troveranno che l'Antropocene è stato plasmato dai media e dai rifiuti delle nostre vite digitali. Forse anche dall'arte.

***

Di recente la Terra (ve ne siete sicuramente accorti) è entrata in una nuova epoca: l'Antropocene.

Sin dagli albori della moderna industria meccanizzata e dell'uso di combustibili fossili, la storia racconta che gli esseri umani sono diventati la forza dominante per il cambiamento della nostra atmosfera, dei nostri mari, e della nostra terra dal punto di vista geologico.

L'Antropocene sta generando innanzitutto un sostenuto dibattito accademico sulla data di inizio per l'epoca. Un recente articolo pubblicato *dall'Anthropocene Working Group* suggerisce che il primo test nucleare di Los Alamos del 1945 potrebbe essere usato come pietra miliare per il suo inizio. Ad alcuni potrà apparire strano che questa epoca geologica possa essere iniziata così (relativamente) di recente; ma queste definizioni di epoche si rifanno alla "stratigrafia geologica"; ossia a cosa i nostri posteri troveranno di noi sottoterra. E in questo link (1) ne trovate la spiegazione.

Ma non è tanto importante il suo inizio; quanto ciò che effettivamente si troverà di noi in futuro, scavando. I geologi stanno infatti oggi iniziando a considerare l'effetto globale a catena che l'economia, i governi, le arti e persino i media potrebbero avere sulla nostra Terra dal punto di vista geologico (per inciso: Donna Haraway, filosofa dell'Università della California a Santa Cruz, usa invece il termine "Capitalocene" per enfatizzare il legame che le economie globali procureranno alla stratigrafia del suolo).

Ci si chiederà come politica ed economia possano avere un effetto diretto sulla geologia del pianeta. Ve ne do un esempio: Singapore; la domanda di espansione del confine di questa città-stato è così grande che enormi volumi di sabbia vengono acquistati, da anni, proveniente da paesi stranieri. L'obiettivo è di un aumento del 30% (o tre miglia quadrate) dell'area di terra originaria del paese, per il 2030. La sabbia, che già da tempo era stata definita la "materia prima più ricercata del pianeta", ora è considerata alla stregua di una questione di sicurezza nazionale per Singapore.

La domanda quindi è: "quando le generazioni future scaveranno nella terra, cosa troveranno di noi"? Ve lo dico: troveranno soprattutto enormi sedimenti di media; libri, dischi rigidi, DVD, smartphone, PC. Una documentazione fossile che può essere definita come la "geologia dell'Antropocene, e, in essa, dei media".

Infatti, oltre alle isole artificiali, i futuri geologi che si occuperanno della nostra era, troveranno una grande quantità di rifiuti elettronici. La gente butta via tutto, dai televisori ai giocattoli, dai computer alle telecamere e dai telefoni cellulari agli spazzolini motorizzati.

Uno studio delle Nazioni Unite prevede che la quantità di rifiuti elettronici globali, come viene chiamata, aumenterà di un terzo entro il prossimo anno. Il rapporto dice che 48,9 milioni di tonnellate di rifiuti elettronici sono state prodotte l'anno scorso. Si prevede che entro il 2020 porterà il totale di rifiuti elettronici a 65,4 milioni di tonnellate.

A gennaio 2015, Apple comunicò di aver venduto il suo miliardesimo dispositivo iOS; era un 4S con la nona versione di questo sistema operativo; al 13 maggio 2019, si sono aggiunte altre 16 versioni di questo apparato. Immaginate quanti apparecchi aggiuntivi sono stati costruiti e venduti (senza che i precedenti siano scomparsi). Questo è solo un piccolo esempio dell'enorme quantità di dispositivi elettronici nel mondo. In effetti, diverse grandi aziende come Apple sono state criticate per aver adottato strategie di progettazione che non tengono conto del loro impatto ambientale.

E l'Internet of Things accelererà ulteriormente questo crescente problema di spazzatura tecnologica.

Toby Miller, studioso di cultura dei media, sostiene: "Abbiamo trascurato le origini e i processi di produzione dei materiali che caratterizzano le tecnologie di comunicazione odierne; come tablet, telefoni e laptop. Non solo: abbiamo poi dimenticato i rifiuti delle guerre e delle telecomunicazioni; come cavi sottomarini, navi affondate, armi abbandonate e recuperate oggi nei ghiacciai che si ritirano; minerali estratti per produrre armi per conflitti e rifiuti tecnologici in generale.

L'immagine è anche peggiore se consideriamo il cimitero finale della maggior parte dell'hardware digitale. Ma non solo per la sua quantità; ma anche per il "dove". L'impatto ambientale della tecnologia dei media non è infatti equamente distribuito tra le nazioni. La quantità di residui elettronici presenti in Pakistan (2) viene ad esempio misurata in milioni di tonnellate, perché molti rifiuti provenienti dai paesi sviluppati finiscono lì.

Però, oltre al lavoro accademico sugli e-waste (vi piace il termine?), l'Antropocene ha dato nuova ispirazione ad artisti contemporanei. Mostre come Rare Earth - in mostra al "Thyssen-Bornemisza Art Contemporary" a Vienna - considerano il rapporto tra tecnologia, cultura e pianeta. A Berlino, la "Haus der Kulturen der Welt" ha recentemente concluso un imponente progetto pluriennale sull'Antropocene che ha curato mostre, conferenze, pubblicazioni e una visibilità pubblica per un concetto che ha unificato le scienze umanistiche, la terra e il clima.

Quindi la rinascita dell'Antropocene ha creato e sta creando nuovi modi di considerare la storia dell'arte e, ad esempio, la cultura cinematografica (6) . Queste idee influenzeranno il modo in cui pensiamo al design, all'architettura e all'arte.

Con il progetto The Last Pictures (5), l'artista americano Trevor Paglen ha inviato delle immagini a bordo di un satellite in orbita. Il progetto affronta lo spreco tecnologico nello spazio (3) e immagina la memoria che rimarrà di noi, incorporata nelle immagini, che potrebbe sopravvivere alla vita umana su questo pianeta (4).

Mentre il concetto di Antropocene è indubbiamente molto giovane, insistente nel contesto del cambiamento climatico antropogenico, idee simili sono state proposte in passato. Nel 1873, il geologo Antonio Stoppani propose l'idea di un "periodo antropozoico", sottolineando l'impatto della vita umana sul globo. Stoppani sottolineò come la scienza e la tecnologia stessero creando un nuovo ordine della natura.

Ma Stoppani era in anticipo sui tempi; le sue idee erano considerate non scientifiche e lui fu ignorato.

NOTE:

1. https://www.sciencedirect.com/science/article/pii/S1040618214009136

2. https://www.aljazeera.com/video/asia/2014/02/e-waste-rise-pakistan-201421675146176110.html

3. Dal 1963, più di ottocento veicoli spaziali sono stati lanciati in orbita geosincrona, formando un anello artificiale di satelliti attorno alla Terra. Questi satelliti sono destinati a diventare i manufatti più duraturi della civiltà umana.

4. Paglen ha sviluppato un disco di memoria progettato per durare miliardi di anni: è un disco-archivio micro-inciso con un centinaio di fotografie e racchiuso in un guscio placcato in oro. Nell'autunno 2012 il satellite per le comunicazioni EchoStar XVI è stato posto in orbita con questo disco. Si avvierà in orbita geostazionaria e vagherà silenziosamente nello spazio per molto tempo dopo che ogni traccia di umanità sarà scomparsa dal nostro pianeta.
5. http://creativetime.org/projects/the-last-pictures/
6. http://www.publicseminar.org/2014/12/anthropomise-en-scene/

9. GLI SCHIAVI DIGITALI DELLA GIG ECONOMY

Giovani, e meno giovani, attaccati allo smartphone in attesa di una chiamata per un lavoro mal retribuito; regolato da un "contratto a zero ore". Questo tipo di contratto paga solo per le ore lavorate; ma non venite pagati per il tempo che passate ad aspettare una telefonata, anche se questo vi impedisce di fare altre cose. E' il contratto tipico della "gig economy"; il Regno Unito insegna.

***

Quando Matthew Taylor, amministratore delegato della Royal Society of Arts, fu incaricato, nel 2019 da Theresa May, a condurre una revisione sulle moderne metodologie di occupazione ventilate anche dalla "gig economy", affermò che sarebbe stato "veramente importante uscire e ascoltare la gente", invece di semplicemente, macinare dati e numeri. Per la cronaca: Il titolo del progetto, dettatogli dalla May, era "Indagine sulla Mutata Natura del Lavoro".

E molto probabilmente Taylor, per produrre il suo rapporto, ha ascoltato alcune delle stesse persone intervistate in precedenza da Frank Field, l'ex presidente del "Comitato per il Lavoro e la Pensione"; l'ultimo rapporto di Frank Field raccontava infatti, sul tema, storie sconcertanti e deprimenti; anche se, ormai, familiari, e non solo in UK.

Sempre più persone sono il capo di loro stessi : i 4.8 milioni di lavoratori indipendenti del Regno Unito sono un record europeo (in Italia il numero è significativamente più basso, ma si parla comunque di milioni); e ci sono comunque altre tipologie di "lavoro flessibile", con 900.000 addetti con contratti "a zero ore" e altri 1,7 milioni con contratti di lavoro temporaneo. Considerati insieme, circa uno su cinque dei lavoratori britannici viene descritto come sottoscrittore di "accordi di lavoro non standard". Poche persone pensano che questa tendenza verrà invertita, e molti prevedono che l'occupazione tradizionale diventerà tra breve prerogativa di una minoranza.

Conosciamo alcune delle cause di questi cambiamenti. Si combinano l'innovazione imprenditoriale, la possibilità tecnologica e le preferenze di stile di vita. In generale, la flessibilità sul lavoro diventa sempre più popolare; e, sorprendentemente, le indagini dimostrano che i lavoratori autonomi sono più felici del loro lavoro rispetto a quelli dipendenti. Per lo meno, tengo a ricordare, in UK.

Circa due terzi dei lavoratori temporanei hanno scelto spontaneamente di lavorare temporaneamente, mentre la stessa proporzione sui contratti "a zero ore" non vuole orari fissi; La maggior parte dice che sono soddisfatti del loro equilibrio tra lavoro e vita.

Ma non tutta l'esperienza di lavoratori "non standard" è positiva. E, tra l'altro, non tutti i lavoratori autonomi sono "gig worker". I "gig worker" sono lavoratori autonomi particolari.

Nella "gig economy", i lavoratori possono essere costretti a forme di lavoro autonomo contro la loro volontà. I contratti possono offrire salari effettivi di meno di £ 2.50 all'ora ed essere applicati con minacce di multe o licenziamento. Nella realtà, quindi, non solo appare che questi lavoratori lavorino effettivamente come dipendenti (con stringenti determinazioni di orari e mansioni), ma che, oltre a non avere alcuna forma di contributo assistenziale pagato, vengano retribuiti con salari da fame. Una forma, insomma, di schiavismo digitale.

L'ultima relazione fatta da Frank Field aveva riguardato le situazioni dei lavoratori di Parcelforce, DPD e British Auctions, ma aveva anche ripreso risultati di suoi precedenti lavori sull'argomento; il risultato, sconcertante, aveva spinto appunto la May a nominare Taylor per fornirle un rapporto più dettagliato e formale, che è stato pubblicato negli scorsi giorni.

Un particolare problema sollevato dal rapporto Taylor è dato dalla sicurezza sulla continuità di lavoro: mentre il 92% delle persone la considera importante, solo il 65% della gente pensa che il loro lavoro sia sicuro e il 15% pensa che sia insicuro; e che circa 5 milioni di persone si chiedono quindi se saranno in grado di pagare le bollette ogni mese o cosa accadrà dell'ipoteca alla loro casa se si troveranno improvvisamente senza lavoro.

Inoltre, dice Taylor, circa 6 milioni di persone non sono coperte dagli standard dei diritti di lavoro (ferie, malattia, ecc...). La cosa preoccupante è che questo numero continua a crescere e mostra come i nuovi modelli di business e le pratiche di lavoro in rapida evoluzione stiano continuamente "stiracchiando" i principi delle regole di lavoro britanniche (per l'Italia varrebbe la pena ricordare gli esempi dei "voucher" e delle cosiddette "partite IVA").

Questo non significa che si debba, dice il rapporto, criticare i modelli esistenti; le norme di lavoro attuali funzionano per la maggior parte delle persone in lavoro autonomo. Infatti, l'occupazione in UK è alquanto alta (tasso di disoccupazione 6% circa – in calo alla faccia della Brexit), e i britannici hanno una delle economie sviluppate in più rapida crescita nel mondo. Da notarsi poi come essi siano al top in settori, quali quelli tecnologici e innovativi, che beneficiano maggiormente della flessibilità delle pratiche di lavoro.

La domanda che si pone quindi Taylor non è come ridurre la flessibilità, ma come possano farla funzionare per un maggior numero di persone.

Nel suo rapporto Taylor si avventura, quindi, in qualche modo a dare possibili soluzioni alla complessa questione di come garantire il salario minimo su piattaforme che sono impostate per pagare a tasso orario. Suggerisce ad esempio che le imprese che utilizzino "imprenditori dipendenti" (sic!) possano esentarsi dal fornire un salario minimo a patto che possano soddisfare tre condizioni:

la prima è quella di dimostrare che il lavoratore riceverebbe almeno 1,2 volte il salario minimo. La seconda è che i lavoratori abbiano libertà di orario e la terza è che l'azienda fornisca informazioni in tempo reale su quanto il lavoratore può aspettarsi di guadagnare quando accede al sistema per la fornitura del suo servizio; e possa eventualmente rifiutare. Taylor sembra quindi che abbia accettato il principio per cui non si possa parlare di minimi salari in casi di domanda estremamente bassa; e questo atteggiamento ha trovato pochi consensi.

Non voglio illustrare qui questo rapporto, nel dettaglio, (lo potrete trovare facilmente su Internet) ma descrivervi le reazioni di alcuni osservatori, che ritengo interessanti. E da cui potete, in realtà, dedurre i contenuti del rapporto stesso.

Uno dei punti cruciali del tema "gig worker" è, come detto, la bassa paga oraria, quasi sempre al di sotto dei minimi sindacali. La scusa dei proprietari di imprese "gig", è la stessa che (dicono i critici) veniva presentata storicamente dai proprietari di schiavi che raccoglievano il cotone; ossia :"la nostra attività non può essere gestita altrimenti; le basi di costo sono fondate su una tipologia di contratto lavorativo che è continuativo all'apparenza, ma, nella realtà, precario, poco retribuito e con zero welfare; così va il mondo e così deve evolvere il lavoro (sic!)".

E i più duri contro queste affermazioni sono ovviamente i sindacati :"se l'unico modo in cui questo moderno modello aziendale può funzionare è col negare i diritti dei lavoratori, diritti ottenuti da generazioni di lotta, allora questo modello non deve trovare posto in nessuna società dignitosa e giusta".

E su questo ultimo punto (direi ovviamente) il disaccordo con gli imprenditori "gig" è quasi totale; si va da critiche pragmatiche, come quella che afferma che un "lavoratore autonomo" dovrebbe essere pagato, per ora lavorata, il doppio o il triplo di un dipendente; in quanto non gode di previdenza, assistenza sanitaria, ecc. a critiche ideologiche, come quella della May:" I tassi di retribuzione minimi sono un sacrosanto diritto. Non ci sarà alcun compromesso quando si tratterà di assicurare che tutti siano pagati almeno il salario minimo ".

Un altro punto critico è quello della definizione di "lavoratore autonomo". A questo proposito è interessante la domanda: "puoi essere considerato autonomo se hai solo un datore di lavoro?" Dal punto di vista fiscale questo status una volta era messo sotto particolare esame da parte di enti che verificano la congruità dei contributi assistenziali, o la loro evasione.

E' cambiato qualcosa, oggi, in onore dell'economia digitale?

In realtà il confine tra lavoro autonomo e lavoro dipendente è sempre stato sfocato e spesso è stato ridefinito, anche da noi, più dai tribunali che dal parlamento. Uber l'anno scorso ha perso una causa intentata da due autisti, nel Regno Unito, James Farrar e Yaseen Aslam, che hanno affermato di non essere assolutamente considerabili "lavoratori autonomi". Il tribunale è stato pragmatico nel suo verdetto: è chiaro che a questi autisti Uber debba garantire almeno un salario minimo e altri diritti di lavoro fondamentali. Così fu fatto, ma non appare che questa sia oggi una pratica diffusa dalla stessa Uber.

Se ci siano evoluzioni a seguito di questa sentenza, al momento non si sa.

Sta di fatto che il tema diventerà sempre più pregnante, sicuramente, e non solo nel Regno Unito: ci si potrà chiedere se la bassa disoccupazione in UK sia dovuta al fatto che ci si accontenti di "bad work", più che in altre nazioni; e che è quindi sia meglio "a bad job" piuttosto che "no job". I sindacati hanno accolto con apparente calma le raccomandazioni di Taylor, per cui ai lavoratori vengano concesse retribuzioni in caso di malattia e ferie retribuite, ma in generale sono insoddisfatti.

Alla fine, molto probabilmente, si dovrà considerare se il concetto "lavorare di meno, ma lavorare tutti" diverrà una prassi diffusa. Comprendente comunque la postilla "guadagnare poco".

Per la cronaca; allego un grafico circa il confronto del lavoro autonomo in Italia e in Europa.

Fig. 1 – Incidenza lavoro autonomo su totale occupazione, confronto Italia-Europa, 2009-2018 (val. %)

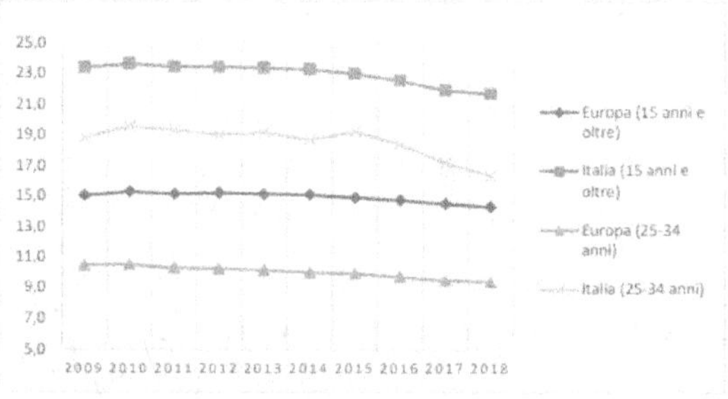

Fonte: elaborazione Fondazione Studi Consulenti del Lavoro su dati Eurostat

(*) Con "gig economy" si intende un modello economico sempre più diffuso dove non esistono più le prestazioni lavorative continuative (il posto fisso, con contratto a tempo indeterminato) ma si lavora on demand, cioè solo quando c'è richiesta per i propri servizi, prodotti o competenze. Domanda e offerta vengono gestite online attraverso piattaforme e app. dedicate.

10. GLI ESILIATI DIGITALI

Cosa pensereste se, una mattina, appena alzati, e consultando per prima cosa (come al solito) Facebook, il sistema vi comunicasse: "ACCESSO NON CONSENTITO, IL SUO ACCOUNT E' STATO RIMOSSO DEFINITIVAMENTE E PERMANENTEMENTE. NON SIAMO TENUTI A DARVI SPIEGAZIONI IN MERITO", e se, cercando di collegarvi al vostro account mail, anch'esso risultasse inaccessibile? E se, parimenti, cercaste di prenotare un viaggio online e il sistema vi rifiutasse? Così come tutte le altre piattaforme di acquisti, come Amazon, Uber, Ebay? E se non ci fosse difesa o appello contro queste decisioni? Siete stati in pratica "banned", MESSI AL BANDO DALLA SOCIETA' DIGITALE, ESILIATI.

Un incubo sicuramente.

***

Ma questo è ciò che sta accadendo in Cina (e forse non solo in Cina)

Il giornalista cinese Liu Hu (2) ha avuto sempre problemi con le autorità; infatti ha scritto per anni contro la corruzione e l'ingiustizia; ed è quindi abituato ad essere perseguitato con frequenti multe e scuse forzate imposte dal suo governo autoritario.

Ha continuato tuttavia a dire e scrivere quella che per lui era la verità.

Un giorno del 2017, Hu si collegò a un sito di viaggi, ma non riuscì a prenotare il volo perché il sito dichiarò che non era "qualificato". E presto si accorse di essere stato bloccato anche dall'acquisto di proprietà, dall'utilizzo della rete di treni ad alta velocità, dall'ottenere prestiti dalla sua banca e da altre cose.

E non c'era niente che potesse fare al riguardo. I suoi diritti su beni e servizi essenziali erano stati limitati per mezzo di un algoritmo che oggi discrimina oltre 7,5 milioni di cinesi presenti sull' " Elenco dei Disonesti soggetti a limitazioni".

Il sistema è definito, all'inglese, "social credit score", il suo obiettivo finale è classificare tutti gli 1,4 miliardi di cinesi. Concettualmente, non è così diverso dal punteggio di credito finanziario che vige in molti paesi. Ma il punteggio di credito sociale include cose come la schiettezza politica, le abitudini di acquisto, gli amici, le abitudini di viaggio e qualsiasi cosa le autorità vogliano incoraggiare o scoraggiare. Questo punteggio quindi ottimizza l'accesso ai beni sociali essenziali sulla base di un algoritmo discriminatorio.

I pianificatori cinesi vogliono il sistema completamente funzionante entro tre anni. Dicono che porterà ad un paese più onesto e degno di fiducia. Ma una recensione su "Globe" e "Mail" di oltre due dozzine di casi, tra cui quello di un uomo nella lista nera per aver rubato qualche pacchetto di sigarette, suggerisce che il sistema stia già esigendo un enorme tributo dalla democrazia. Il caso del signor Liu mostra, infatti, nella realtà, come il sistema del credito sociale venga ben usato anche per mettere a tacere il dissenso; perché la mancanza di un meccanismo di ricorso ha reso queste persone incapaci di cercare l'aiuto, il che li lascia nella disperazione, perché le loro relazioni sociali, così come le loro vite materiali, vengono rovinate. Si pensi che alcune città hanno persino cambiato il tono di chiamata del telefono di coloro che sono stati puniti, per avvertire il chiamante che "la persona che chiami si trova sulla lista nera del credito centrale".

Per alcuni, questo è motivo di ottimismo per il futuro della Cina. "Abbiamo un disperato bisogno di ricostruire, dobbiamo ricostruire la moralità sociale, l'integrità degli affari, la sicurezza alimentare, il potere dei funzionari", afferma Lin Junyue, un accademico a volte definito il fondatore della teoria del credito sociale cinese, studiato fin dalla metà degli anni 90. Un tale sistema, dichiara, può fungere da strumento di controterrorismo, promuovendo stabilità sociale e coesistenza pacifica. "Le persone a cui piace mi vedono come un grande contributore per una società migliore. Le persone che lo disprezzano mi accusano di fornire uno strumento digitale al governo per esercitare il suo potere contro le persone".

Quindi questo sistema di credito sociale ora in costruzione in Cina promette di rimodellare il paese in modo profondo. Nel bene.

Intanto il documento preliminare, edito nel 2014, offre un elenco parziale delle aree sociali che saranno disciplinate dai punteggi di credito: commercio di importazione ed esportazione, ispezione sanitaria, appalti pubblici, lavoro e occupazione, fiscalità, trasporti pubblici, sicurezza sociale, gestione della ricerca scientifica, promozione del partito comunista e appuntamenti, domande per il sostegno finanziario del governo, alberghi e ristoranti, conversione valutaria, vendite assicurative, lavori nel settore minerario, prodotti chimici, produzione di attrezzature speciali e produzione di cibo e medicine.

Ma per la Cina il "credito sociale" non è proprio una novità. Da tempo i pesi massimi cinesi dell'e-commerce hanno iniziato non solo a creare propri indicatori di credito, ma anche a condividerli. Ad esempio Sesame Credit, una filiale di Alibaba: analizza abitudini e contatti di acquisto di una persona per ottenere un punteggio di credito. E aziende di leasing, offrono uno sconto del 50 per cento sui noleggi per chi ha punteggi alti.

Per inciso, pare proprio che lo sviluppo del credito sociale sia anche un tentativo di riguadagnare l'ampiezza del controllo che il Partito Comunista esercitò sul paese, prima che l'ascesa delle imprese private erodesse quel potere. Ma non solo: Il credito sociale dà un nuovo straordinario potere a coloro che progettano e mantengono l'algoritmo del sistema. "Metti nelle mani del governo cinese la capacità di determinare il tuo livello di onestà e hai una tempesta perfetta di violazioni dei diritti umani", ha detto Maya Wang, ricercatrice cinese per Human Rights Watch. Le conseguenze possono essere gravi. Quando Xie Wen, fondatore di un'azienda di intrattenimento aziendale, si accorse che essa era stata inserita nell'elenco dopo una controversia con un'altra società, si accorse anche che le banche gli avevano interrotto il credito, rendendolo incapace di pagare i dipendenti e ostacolando la sua capacità di cercare un risarcimento legale. Essendo "screditato", il suo nome e i suoi partner commerciali lo abbandonarono. Alla fine il signor Xie pagò però la somma di denaro ordinata dal tribunale e fu rimosso dalla lista nera.

Un simile sistema da incubo non potrebbe mai, ovviamente, prendere piede da noi.

O potrebbe?

In realtà la (becera) novità fondamentale di questo sistema è che la decisione di esiliarti non consente difesa o appello; come invece accade per tutte le condanne dei tribunali nei paesi civili.

Ma, se andiamo ad analizzare la questione ci accorgiamo che questo aspetto di inappellabilità è già presente in molte attività "social"; come Facebook ed altre. Ovviamente essere "bannato" da Facebook non ha le stesse conseguenze della lista nera cinese; ma quanto durerà questa differenza?

Da manuale il caso di Jackson Cunningham, che è stato "bannato" per la vita da Airbnb, con la seguente nota:

"Dear Jackson,

We regret to inform you that we'll be unable to support your account moving forward, and have exercised our discretion under our Terms of Service to disable your account(s). This decision is irreversible and will affect any duplicated or future accounts.

Please understand that we are not obligated to provide an explanation for the action taken against your account. Furthermore, we are not liable to you in any way with respect to disabling or canceling your account. Airbnb reserves the right to make the final determination with respect to such matters, and this decision will not be reversed."

Entro nel merito delle motivazioni di questa "sentenza" semplicemente per dire che a me paiono abbastanza futili: si tratta del fatto che Jackson è stato messo fuori dall'abitazione che aveva prenotato tramite Airbnb, un'ora prima del previsto, dal padrone di casa.

E per questo aveva dato un "feedback" molto negativo; ma non usando la piattaforma AirBnB, bensì quella Google.

Non voglio comunque giudicare né la bontà delle motivazioni di Jackson (trovate molto in Rete) né quelle della piattaforma; quanto soffermarmi sull'inappellabilità di questo "BANNING". Finché, infatti si limita a piattaforme di intrattenimento, il danno può essere poco grave; ma se entra nel merito delle attività quotidiane, magari commerciali, il discorso può essere diverso, perché, oltre a portare danni sociali, non esclude quelli materiali.

In prospettiva, dovremmo cominciare a chiederci se queste modalità di sospensioni debbano essere consentite a una manciata di giganti della tecnologia, senza alcuna supervisione o regolamentazione. A che punto una piattaforma online diventa abbastanza pervasiva nella vita di tutti i giorni da dover fornire spiegazioni o avvertimenti agli utenti prima di far cadere la ghiglIoTtina? E se questi giganti si mettessero d'accordo per fare una "lista nera" di tutti quelli che scrivono recensioni negative ai loro servizi? E se questa lista fornisse una base di consultazione per qualsiasi fornitore di servizi, prima di accettarci come clienti?

Oppure tutto questo fa parte di una tendenza in corso, verso qualcosa come il sistema cinese di punteggio di credito sociale, in cui le conseguenze di non mantenere un rating elevato sono socialmente paralizzanti? In fondo siamo da tempo abituati alle "classi di merito" delle assicurazioni e a quelle degli insoluti bancari (il SIC) ; per spingerci un poco più in là ci vuole poco. Forse.

Quanti di voi sono al corrente della ventilata (dal 2015...) istituzione di un registro dei morosi nel pagamento delle bollette del telefono (nota 1)? Se non avete pagato non potete cambiare operatore. E magari non avete pagato per protesta contro un disservizio ...

NOTE:
1. https://luce-gas.it/guida/consumatori/lista-nera-utenti-morosi
2. https://caffedeigiornalisti.it/storie-di-giornalisti-cinesi-perseguitati-siamo-in-estinzione-come-i-panda/

11. IL DIGITALE E I PRINCIPI MORALI, DICHIARATI, MA NON OSSERVATI.

Essere etici significa, spesso, in ultima analisi avere le capacità e il coraggio morale di sfidare le norme aziendali esistenti.

***

La trasformazione digitale rappresenta spesso la risposta necessaria delle aziende per soddisfare le crescenti aspettative dei clienti, offrire esperienze scalabili e personalizzate e rispondere alle forze di mercato con livelli sempre crescenti di agilità aziendale. I servizi digitali e le tecnologie dirompenti come il cloud computing, la robotica, l'intelligenza artificiale e i big data combinati con modelli operativi ottimizzati consentono alle organizzazioni di promuovere l'innovazione e rispondere agli eventi interni ed esterni più velocemente ed economici che mai.

Ma, mentre la trasformazione digitale è, ovviamente, abilitata attraverso la tecnologia, dovremmo ricordarci che la dimensione umana è importante quanto la tecnologia. Ciò che rappresentiamo e il modo in cui ci comportiamo rappresenta i concetti fondamentali dell'etica e, se le organizzazioni vogliono ottenere un successo duraturo in un mondo digitale, dovranno assicurarsi che, soprattutto, comprendano la necessità di agire eticamente.

LA NECESSITÀ DI ETICA

L'etica è la pratica di fare una scelta di principio tra giusto e sbagliato, ruotando intorno a come le persone dovrebbero agire, non come agiscono. E mentre, in passato, l'argomento ha lottato per ottenere l'accettazione da parte della comunità imprenditoriale, le cose sono per fortuna, molto diverse ora. L'etica non è solo una considerazione importante all'interno di un'organizzazione, ma rappresenta un elemento di differenziazione chiave in un mercato altamente competitivo in cui la reputazione e i valori sono oggi importanti quanto i prodotti e i servizi.

Mentre l'etica è chiaramente qualcosa che tutte le organizzazioni con un programma di trasformazione digitale dovrebbero abbracciare attivamente, la sfida più difficile sarà a livello individuale; le organizzazioni non prendono decisioni, gli individui lo fanno.

Però è un discorso complesso: nonostante il livello di consapevolezza etica o di formazione etica che può o non può già esistere all'interno delle organizzazioni, ciò che è considerato etico può variare a livello di individui, gruppi, religioni e culture, e in una società digitale globale e in rapida crescita, questi lasciano un notevole spazio per l'interpretazione. Anche quando la giusta linea d'azione è chiara, le pressioni concorrenziali del mondo reale possono non rendere indenni gli individui nel prendere decisioni che potrebbero avere conseguenze dannose per gli altri. Essere etici significa, quindi, in ultima analisi avere le capacità e il coraggio morale di sfidare le norme esistenti e agire in modo etico.

In una società digitale, cosa significa allora essere etici e come possono coloro che sono coinvolti nella progettazione, nello sviluppo e nella distribuzione di servizi digitali tradurre i principi etici in comportamenti professionali che piloteranno le iniziative di trasformazione digitale?

ETICA AZIENDALE E DECLINO DELLA FIDUCIA NEL DIGITALE

Quando le organizzazioni agiscono in modi che sono considerati non etici da altri, è probabile che attirino un'attenzione avversa dei media locali, nazionali e persino internazionali.

Se le organizzazioni devono garantire il proprio successo utilizzando digitale, i comportamenti che rafforzano la fiducia e dimostrano integrità saranno importanti quanto le sfide tecniche che devono affrontare, come l'integrazione delle applicazioni, la sicurezza informatica e la data governance.

Infatti, le iniziative digitali hanno il potenziale per offrire benefici sostenibili e aumentare il valore dell'organizzazione a lungo termine, ma questi benefici devono essere mitigati rispetto alle questioni sollevate dal declino della fiducia, provocato dal disagio per il modo in cui alcune organizzazioni sfruttano la tecnologia digitale.

E le colpe delle aziende sono elevate: permangono infatti problemi di riservatezza e sicurezza dei dati; non solo per le violazioni delle informazioni, che si verificano oggi a tassi inaccettabili, ma perché le organizzazioni sono riluttanti a informare le persone colpite quando agiscono in maniera non-etica. Contemporaneamente, le preoccupazioni in materia di responsabilità etiche dell'imprenditore, stanno diventando oggi più pressanti, in quanto i meccanismi esistenti potrebbero non essere più validi, o peggio, compromessi dalla crescita degli algoritmi di intelligenza artificiale e di apprendimento automatico nel prendere decisioni autonome.

Che gli imprenditori si rassegnino: iò che sta diventando chiaro è che la fiducia nell'economia digitale è probabile che continuerà a sussistere solo se i professionisti digitali saranno disposti a prendere decisioni etiche nonostante lavorino in ambienti altamente competitivi, in cui il desiderio di implementare rapidamente i servizi digitali è spesso destinato a prevalere sulla necessità di considerare le implicazioni etiche di farlo.

Cerchiamo di chiarire alcuni aspetti di queste affermazioni.

PROGETTARE PER LA PRIVACY, LA SICUREZZA E L'INTEGRITÀ

Mentre le opportunità di generare intuizioni innovative e redditizie dai big data sono suscettibili di essere significative, così sono anche i rischi da comportamenti non etici percepiti, sia effettivi che semplicemente involontari. Il modo in cui i dati vengono raccolti, gestiti e utilizzati non è solo una questione legale, è una questione etica.

Le organizzazioni devono utilizzare i dati in modo responsabile ed etico; e questo significa non usarli in modi che siano considerati invadenti, manipolatori o irrispettosi verso gli altri. Essere trasparenti significa che l'organizzazione deve indicare le proprie intenzioni in merito all'utilizzo dei dati e consentire ai propri clienti di fornire il proprio consenso. Le organizzazioni sono spesso criticate per la quantità di dati dei clienti che raccolgono e monetizzano. Parte della sfida qui è la mancanza di trasparenza intorno allo scambio di valore tra clienti e fornitori di servizi.

Il concetto di "consenso informato" è un principio chiave all'interno dell'etica, riferendosi al permesso concesso nella piena conoscenza delle probabili conseguenze. Ciò rappresenta una sfida significativa per la raccolta dei dati da parte dell'organizzazione, in particolare i dati personali per l'analisi, in quanto si può sapere molto poco sull'uso previsto dei dati quando vengono raccolti. In realtà, ottenere il consenso informato può essere impossibile o proibitivo a causa della portata del compito, ma, detto questo, il principio dovrebbe ancora essere adottato durante la progettazione e lo sviluppo di servizi digitali.

Già, sono state sollevate, ad esempio, preoccupazioni sulla capacità del software di telefonia mobile di monitorare i movimenti degli individui anche quando la funzione dei servizi di localizzazione sul telefono è inattiva; viene inoltre segnalato, oggi, che le applicazioni di riconoscimento facciale vengono utilizzate in alcuni paesi per obiettivi non chiari, magari per raccogliere dati personali per motivi di cosiddetta "sicurezza nazionale", o altro.

Promuovere la fiducia

I consumatori di dati, siano essi individui, gruppi o organizzazioni, devono essere in grado di fidarsi dei servizi digitali e dei dati utilizzati. Coloro che raccolgono e gestiscono i dati devono sostenere il principio che la sua integrità deve essere garantita se deve essere di valore per i consumatori. Garantire l'integrità dei dati deve significare che le organizzazioni hanno il dovere di garantire che i dati che detengono siano soggetti a solide procedure di governance e audit. In poche parole, le organizzazioni devono sapere che ciò che è stato messo lì non è cambiato.

Le infrastrutture digitali offrono la capacità non solo di contenere i dati, ma di consentirlo ad altri per una moltitudine di utilizzi, tra cui la convalida, la replica e l'analisi. Se i consumatori digitali devono fidarsi dei dati sottostanti che guidano i servizi che utilizzano, devono avere una chiara provenienza, tracciabilità end-to-end dalla fonte all'interfaccia utente ed essere di qualità sufficiente, adatta allo scopo previsto. Se la provenienza e la veridicità dei dati non possono essere verificate, crea un livello significativo di rischio per coloro che li consumano: una volta che i dati sono stati elaborati, qualsiasi azione intrapresa di conseguenza non può essere annullata.

Un sondaggio del 2014 del Pew Research Center negli Stati Uniti ha rilevato che solo l'11% degli individui era almeno "un po' fiducioso" che i siti di video e social media online manterrebbero privati i propri dati personali. Parte della sfida è la difficoltà di segmentazione dei consumatori per il loro atteggiamento nei confronti della privacy, che sono specifici del contesto e sfidano la generalizzazione. Ma è una sfida che le aziende devono affrontare: nove utenti internet su dieci nel Regno Unito e negli Stati Uniti eviteranno di fare affari con aziende che non proteggono la loro privacy.

Le organizzazioni che stanno correndo per fornire "l'arte del possibile" senza riconoscere i principi fondamentali della privacy, della sicurezza e dell'integrità rischiano di lasciarsi esposte ad alti livelli di rischio etico.

Attenzione ai pregiudizi

Il comportamento etico involontario può essere causato da molte cose, ma una delle ragioni più probabili sarà dovuta ai pregiudizi subconscienti che possono influenzare il comportamento umano. La ricerca della conferma di un pregiudizio è probabilmente l'esempio più noto, in cui gli individui cercano o interpretano le informazioni in modo da confermare le loro convinzioni, ipotesi o aspettative e respingere opinioni e informazioni che sono contrarie a queste. Ad esempio, dati di "cherry-picking", ovvero con modalità selettiva arbitraria, che verranno utilizzati per supportare casi aziendali di trasformazione digitale o per guidare i test dei servizi digitali, potrebbero sollevare preoccupazioni etiche con coloro che si aspettano che tali attività fossero eseguite con un elevato livello di imparzialità.

Quando c'è pregiudizio nei dati c'è un rischio reale che i sistemi che utilizzano questi dati ereditino tale distorsione. Di particolare preoccupazione devono essere gli algoritmi di apprendimento automatico che vengono utilizzati per prendere milioni di decisioni ogni giorno. Sono già emersi avvertimenti per quanto riguarda la distorsione algoritmica, con gli esperti che suggeriscono che tale pregiudizio è ormai pervasivo in molti settori, con poche azioni intraprese per identificarlo o correggerlo. Un pensiero preoccupante che riguarda l'apprendimento automatico, si sta ora indirizzando in molti settori industriali, tra cui la medicina, la finanza e il diritto.

La risposta alla questione dei pregiudizi è, naturalmente, "trasparenza". I professionisti digitali dovranno sfidare il comportamento dello status quo e identificare attivamente i pregiudizi nascosti che possono essere presenti man mano che sviluppano, assicurano e distribuiscono il servizio digitale. Anche in questo caso, la fiducia dei consumatori deve anche essere stabilita e mantenuta, assicurando che i clienti, che acquistano sistemi utilizzando algoritmi di intelligenza artificiale e machine e-learning, sappiano come sono stati costruiti i modelli di inferenza e i dati utilizzati per guidarli.

Assicurarsi che vi siano modelli e algoritmi di inferenza di responsabilità.

Essi sono componenti fondamentali all'interno della fiorente gamma di servizi digitali "intelligenti" che forniscono un'intelligenza artificiale e capacità di apprendimento automatico. A causa della loro capacità di combinare i dati sociali con i motori decisionali, sono aumentate le preoccupazioni circa la misura in cui si possono mantenere chiare strutture di responsabilità. Ad esempio, se gli algoritmi vengono utilizzati dalle organizzazioni di servizi finanziari per prendere decisioni che normalmente verrebbero prese da professionisti qualificati e regolamentati, è necessario porre domande su dove si trova la responsabilità. Le organizzazioni che cercano di sviluppare servizi digitali devono pertanto garantire che tali servizi non siano utilizzati per evitare o ridurre la responsabilità aziendale.

Promuovere una cultura etica.

La cultura organizzativa può essere descritta come l'insieme di valori, credenze e norme condivisi che influenzano il modo in cui gli individui al suo interno pensano, sentono e si comportano. I valori in particolare sono importanti in quanto spiegano ciò che l'organizzazione rappresenta; come "fornire un'eccellente esperienza digitale" o "eccellenza attraverso l'innovazione e il lavoro di squadra". Mentre i valori aziendali possono essere facilmente trovati sui siti web aziendali, la pubblicazione di un elenco di valori non è la stessa dell'adozione degli stessi. Le organizzazioni basate sul valore sono quelle che non solo mostrano attivamente i loro valori; e li usano per guidare il loro comportamento.

Mentre la trasformazione digitale ha il potenziale per creare opportunità, valore e successo a tutti i livelli all'interno dell'organizzazione, queste devono essere raggiunte attraverso l'equità, l'onestà e l'integrità. Le organizzazioni digitali, pertanto, hanno la responsabilità morale di salvaguardare i propri dipendenti dall'assunzione di rischi inutili che potrebbero in ultima analisi rivelarsi dannosi sia per l'individuo che per l'organizzazione. Non dimentichiamo che la reputazione professionale è tanto importante per gli individui quanto per le organizzazioni.

ETICA PER IL SUCCESSO DELL'AZIENDA

Nell'economia digitale, quindi, l'organizzazione di successo sarà quella che non solo è consapevole di valori etici come la fiducia, l'onestà, l'equità, la riservatezza e la responsabilità, ma li adotta attivamente per fare la cosa giusta. L'etica non deve più essere pensata come un semplice strumento di marketing che non ha alcuna reale influenza sulla cultura delle organizzazioni digitali, ma rappresenta invece un insieme fondamentale di comportamenti che dovrebbero essere esposti da tutti coloro che hanno un interesse acquisito nella trasformazione digitale.

CAPITOLO II

IL DIGITALE E LA IPERCONNETTIVITA' DEGLI INDIVIDUI

---

1. **IL MOTIVO DEL SUCCESSO DEI "SOCIAL MEDIA"**

> *"Una persona non è semplicemente una persona. In ognuno di noi c'è un mondo, che si collega all'esterno cercando di raggiungere altre persone. Creando emozioni e reazioni, talvolta uguali, talvolta contrapposte..."*
> *(dall'omelia del funerale officiato da Padre Lantom; della serie televisiva "Daredevil").*

***

Innanzitutto una informazione di principio per i lettori: nel prosieguo parlerò brevemente di "social networks" e mi addentrerò poi meglio a cercare di spiegare gli aspetti neuro-psicologici dei "social media".

"Social networks" e "social media", infatti, sono due cose diverse. Userò, quindi, per entrambe la terminologia inglese, che è meno ambigua. E spiegherò dapprima proprio questa ambiguità, perché entrambe le realtà sono strettamente correlate; ma non uguali.

Nella terminologia comune italiana, infatti, un "social network" è una "rete sociale", come Facebook, Twitter, Linkedin, ecc. Usiamo, per altro di rado il termine "social media". Mentre le due cose sono diverse. Vediamo le definizioni corrette (almeno secondo gli studiosi):

Una rete sociale (in lingua inglese social network) consiste in (v. Wikipedia) "un qualsiasi gruppo di individui connessi tra loro da diversi legami sociali. Per gli esseri umani i legami vanno dalla conoscenza casuale, ai rapporti di lavoro, ai vincoli familiari. Le reti sociali sono spesso usate come base di studi interculturali in sociologia, in antropologia, in etologia".

L'analisi delle reti sociali, ovvero la mappatura e la misurazione delle reti sociali, può essere condotta con un formalismo matematico. In generale, il corpus teorico ed i modelli usati per lo studio delle reti sociali sono compresi nella cosiddetta social network analysis. Che è nata molto prima dell'avvento dei social media: a fine 1800 con i sociologi Emile Durkheim e Ferdinand Tonnies; e con i contributi, negli anni '80, dello psichiatra austriaco Jacob Levi Moreno. Oggi varie università, soprattutto negli USA, studiano la "social network analysis"; anche per studiare i "social media". La ricerca è condotta nell'ambito di diversi approcci disciplinari, e ha evidenziato come i social netwoks operino a più livelli (dalle famiglie alle comunità nazionali) e svolgano un ruolo cruciale nel determinare le modalità di risoluzione di problemi e i sistemi di gestione delle organizzazioni, nonché le possibilità dei singoli individui di raggiungere i propri obiettivi.

Interessante, nella *Social Network Analysis*, il numero di Dunbar, conosciuto anche come la "regola dei 150". Esso afferma che le dimensioni di una rete sociale in grado di sostenere relazioni stabili sono limitate a circa 150 membri. Questo numero è stato calcolato attraverso studi di sociologia e soprattutto di antropologia; nella psicologia evoluzionista viene teorizzato che il numero potrebbe costituire una sorta di limite per l'abilità media degli esseri umani di riconoscere dei membri e tenere traccia degli avvenimenti emotivi di tutte le persone di un gruppo.

Social media, è un termine generico che indica tecnologie e pratiche online che le persone adottano per condividere contenuti testuali, immagini, video e audio (come, appunto, Facebook, Twitter, Linkedin, ecc.).

I social media rappresentano fondamentalmente un cambiamento nel modo in cui la gente apprende, legge e condivide informazioni e contenuti. In essi si verifica una fusione tra sociologia e tecnologia che trasforma il monologo (da uno a molti) in dialogo (da molti a molti) e ha luogo una democratizzazione dell'informazione che trasforma le persone da fruitori di contenuti ad editori. Dico subito che l'avvento dei "social media" ha distrutto una buona parte della teoria del numero 150 di Dunbar (quanti, infatti, hanno su Facebook o Twitter più di 150 contatti?)

La teoria delle "RETI".

L'uso dei social media ha visto una crescita esponenziale negli ultimi anni e coinvolge un numero sempre maggiore di popolazione. Molte persone, di tutte le età, sono attratte dall'uso dei "social" e li consultano giornalmente. Ma a cosa è dovuta questa attrazione? Ci sono delle motivazioni fisiche o psicologiche, a tutto ciò? La risposta è SI in generale; e le ragioni sono parecchie. Uno dei concetti da cui partire, per comprendere questo fenomeno, è che una persona è un mondo, e non semplicemente UNA persona.

Ed è sicuramente vero come, spesso, nel vivere reale, la nostra civiltà non tenga presente questa realtà. Ad esempio, in medicina, la relazione paziente-medico è altamente unitaria e spesso così deve essere per le modalità terapeutiche insegnate ai medici e a cui siamo abituati. Ma cosa accade se questa salute del paziente, che il medico tenta disperatamente di migliorare, dipende in realtà da altre persone? Da figli, moglie, parenti, colleghi, insegnanti, amici? Sicuramente è necessaria una lente molto più ampia per comprendere stati d'animo che possono portare a sofferenze fisiche; anche non percepite.

E' ovvio, quindi, come le "reti" (in generale) giochino ruoli importanti per il nostro benessere; includendovi, ad esempio, la trasmissione di malattie, i sistemi di assistenza sociale, la diffusione di nuove idee, le coalizioni socio-politiche, i trasporti, le telecomunicazioni; ma anche, a livello più scientifico: l'interazione delle reti di proteine e la struttura del cervello.

Ancora più importanti, poi, per il tema che stiamo trattando, sono le reti di neuroni che abbiamo nella nostra testa.

E' difficile comprendere la complessità del cervello, perché si tratta di numeri talmente enormi da trascendere la nostra esperienza quotidiana (a meno che non siate dei cosmologi). Un cervello medio consiste di 100 miliardi di neuroni. Ogni neurone è connesso con altri (di solito da 1.000 a 10.000). Quattro neuroni possono connettersi in 63 modi diversi; oppure non connettersi affatto, per un totale di 64 possibilità. Aumentando il numero di neuroni, le connessioni possibili crescono in maniera esponenziale: il numero di combinazioni possibili, e quindi dei differenti stati cerebrali (che potremmo assimilare a "pensieri") che ciascuno di noi può avere, eccede il numero di particelle note dell'intero universo.

Vediamo di capire le ragioni neurologiche per cui siamo attratti dai "social media".

Vediamo innanzitutto il tema "importanza della rete". Immaginiamo di essere seduti a casa da soli; non abbiamo un umore preciso: non siamo né particolarmente felici, né particolarmente tristi, né arrabbiati, né eccitati. Abbiamo un sacco di amici, una rete, e possiamo chiamarli facilmente al telefono. Facciamo anche l'ipotesi che ogni amico sia "unidimensionale", ossia che possa influenzare il nostro umore in una maniera specifica. Sappiamo, ad esempio, che, se telefoniamo ad Anna, ci farà sentire allegri. Ogni volta che parliamo con Giorgio, ci fa sentire tristi, perché rievochiamo un particolare fatto triste causato da un altro amico. Ogni connessione, a sua volta, è il risultato di decine, di centinaia di migliaia di connessioni che hanno influenzato il nostro amico, e i nostri amici, e arricchiscono la nostra esperienza. In particolare, le attività di "social media" che coinvolgono i nostri processi mentali sono:

- Fare broadcast di informazioni
- Ottenere feedback
- Osservare il broadcast di altri
- Confrontare se stessi con altri

Tutte queste attività coinvolgono la nostra mente in processi emotivi come stati d'animo, personalità, conformità sociale; e la maniera in cui ci auto-presentiamo e gestiamo le varie connessioni.

Il nostro cervello, in questo modo, è bombardato da informazioni ed emozioni provenienti da un numero elevato di attori; verso cui possiamo scegliere di reagire, in modo trasparente, oppure, se vogliamo anonimo. Ebbene, il nostro cervello è affascinato dagli stimoli multipli; soprattutto se in rapida successione o contemporanei: un buon esempio sono le luci psichedeliche, e stroboscopiche. Che creano nel cervello fasi di stasi quasi ipnotiche.

VENIAMO ALL'ASPETTO BIOCHIMICO:

L'attrazione e la dipendenza dai social media è reale, grazie a due sostanze chimiche prodotte dal nostro cervello: dopamina e ossitocina.

Dopamina: gli scienziati la ritengono la sostanza chimica del piacere. Oggi sappiamo che questa in effetti crea il bisogno. La dopamina ci porta a cercare, a desiderare e inseguire. La dopamina viene stimolata dall'imprevedibilità, da piccoli frammenti di informazione e da segnali di ricompensa, tutte condizioni che rispecchiano i social media. Secondo alcuni studi della University of Massachussets medical school, la spinta della dopamina è così forte che viene dimostrato come per le persone sia più difficile astenersi dal postare su twitter, piuttosto che da alcool e sigarette.

Ossitocina: spesso viene indicata come la sostanza chimica dell'amore, perché viene rilasciata quando ci si bacia o ci si abbraccia... oppure, secondo il prof. Paul J Zach, della Claremont (USA) University, quando si posta sui social media! Secondo la ricerca, in 10 minuti di tempo trascorsi sui social, l'ossitocina aumenta del 13%, livelli equivalenti a quelli medi di una persona nel giorno delle nozze. E tutti i benefici che derivano dall'ossitocina – diminuzione dei livelli di stress, sentimenti amorevoli, fiducia, empatia, generosità – possono arrivare anche dai social. Come risultato, gli utenti diventano in genere molto più fiduciosi rispetto all'utente medio di internet. L'utente tipico di Facebook si fida il 43% in più rispetto ad altri utenti.

Quindi, tra dopamina e ossitocina, le attività da social network non solo procurano un mondo di sensazioni, ma diventa spesso anche difficile farne a meno.

GLI ASPETTI PSICOLOGICI

A questo punto diventa interessante analizzare le maggiori attività che svolgiamo online, per comprendere quali schemi psicologici ci stimolano a compierle.

Perché "postiamo":

Gli esseri umani dedicano circa il 30-40% dei loro discorsi a raccontare di se stessi. Online, però, la percentuale passa all'80%. Online, poi, abbiamo il tempo per costruire e rifinire la comunicazione. E' quello che gli psicologi definiscono auto-presentazione: mostrarsi per come si desidera essere visti.

La sensazione che ci offre l'auto-presentazione è così forte che ogni visualizzazione del profilo Facebook ha dimostrato di aumentare l'autostima.

Perché condividiamo:

Se ci piace così tanto parlare di noi stessi, che cosa ci spinge a condividere post altrui?

Divulgare un'informazione è un impulso automatico. Il pensiero della condivisione attiva i centri di ricompensa del nostro cervello, ancora prima di averla messa in pratica. Per prima cosa, il 68% delle persone afferma di condividere per dare agli altri un'idea più ampia di chi siano e delle cose che amano. Ma in genere, condividiamo perché questo ci permette di rimanere in contatto con chi ha postato quello specifico contenuto.

Quando condividiamo i contenuti giusti, otteniamo l'attenzione degli altri. Questo, almeno come dichiara il 62% delle persone, fa stare meglio con se stessi, perché ci si sente accettati. E come si guadagnano i consensi? Secondo una ricerca, è ritenuto interessante tutto ciò che risulta un attacco al mondo che conosciamo, a ciò che abbiamo sempre dato per scontato.

Perché clicchiamo "Mi Piace"

Il 44% degli utenti di Facebook apprezza con un "like" i contenuti pubblicati dagli amici, almeno una volta al giorno. Il 29% lo fa più volte al giorno. La ragione è che questo ci consente di mantenere le relazioni. Quando mettiamo un "like" è come se aggiungessimo valore ad un rapporto, rafforzando una vicinanza, seppur virtuale. Inoltre, si crea anche l'effetto reciprocità. Ci sentiamo quasi in dovere di restituire l'apprezzamento a chi lo ha dimostrato a noi, come se volessimo pareggiare la bilancia.

Lati positivi e negativi della questione

Quelli negativi li conosciamo (compresa la dipendenza), ma i social media possono anche unire. Quando si condivide una perdita, oppure un fallimento, si può sperimentare una grande solidarietà. Quando ci si sente insicuri, capita di rivolgersi a Facebook per trovare sollievo e i risultati pare siano migliori di qualunque altra attività di auto-affermazione. Inoltre, il tempo passato su Facebook ha a che vedere con l'empatia virtuale.

In definitiva, come in tutte le cose, i social sono uno strumento con enormi potenzialità: sta a noi saperlo usare nel modo migliore per arricchirci e rendere migliori noi stessi e i rapporti interpersonali, possibilmente anche quelli reali.

FONTI:

1. THE SECRET PSYCOLOGY OF FACEBOOK : http://www.businessinsider.com/the-secret-psychology-of-facebook-how-they-keep-you-hooked-and-sharing-2015-4?IR=T

2. THE EMERGING NEUROSCIENCE OF SOCIAL MEDIA https://www.ncbi.nlm.nih.gov/pubmed/26578288

3. GENERAZIONE BIO : http://www.generazionebio.com

2. MA L'UOMO DIGITALE E' SEMPRE DI PIU' ASSERVITO AD UN "MONDO ASSENTE" O COMUNQUE INNATURALE.

> *"Una società (Verne intendeva quella francese) che ha compiuto un grande progresso scientifico, ma che ha relegato nel ghetto la cultura umanistica, la letteratura, la poesia, la musica; i cui cultori sono considerati degli stravaganti scansafatiche, o matti da tenere a distanza.*
>
> *Una città (Parigi) che si estende per dieci leghe e ha distrutto tutta la campagna intorno. Ma in compenso possiede quattro cerchi concentrici di ferrovie. Gli uffici sono muniti di "telegrafia elettrica privata" e di "telegrafia fotografica".*
>
> *(Come Giulio Verne immaginava, nel 1863, la Parigi del 1960)*

***

Oltre agli effetti sulla salute, esiste un altro livello di ciò che in realtà comporta il lancio del 5G (come sapete è la nuova generazione di reti e di tecnologia per le trasmissioni mobili). Per ottenere una prospettiva al riguardo, dovremmo ricordare che non molto tempo fa il campo elettromagnetico terrestre era indisturbato dalle frequenze elettromagnetiche generate dall'uomo.

Prima del 1880, c'erano solo due principali cause dell'elettromagnetismo, entrambe naturali: il lampo dei temporali (che tra l'altro mette in moto le risonanze molto deboli e a bassa frequenza conosciute come Risonanze di Schumann) e la luce solare.

Oltre al lampo e alla luce solare, le energie dello spettro elettromagnetico non hanno avuto, a quel tempo, alcun impatto sulla vita umana, poiché erano completamente dormienti. L'idea stessa che potesse esistere una cosa come l' "elettromagnetismo" e uno "spettro elettromagnetico" non è stata trattata prima del diciannovesimo secolo (fig.1).

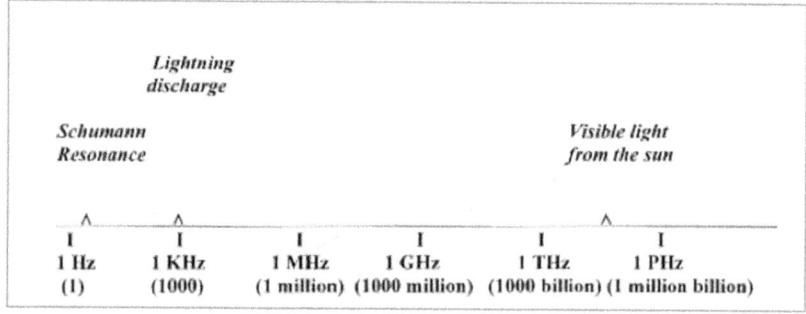

Fig 1. L'elettromagnetismo nell'era pre-elettrica: è in pratica la radiazione di fondo naturale sulla Terra.

In quel mondo pre-elettrico, sia il fulmine che la luce del sole erano considerate con un certo timore reverenziale, come fenomeni naturali che esprimono poteri maggiori di qualsiasi cosa gli esseri umani possano gestire. Nell'antichità entrambi erano associati agli dei: fulmini scagliati da dei con una violenza che spesso veniva associata agli Inferi; come spesso facevano Seth, Baal e Zeus. La luce del sole era invece associata a sublimi divinità solari come Ra, Shamash e Apollo. Nell'ultima epoca giudaico-cristiana, persisteva il senso diffuso che questi fenomeni avessero un'origine spirituale, con il lampo considerato come espressivo dell'ira divina e la luce come la veste del Logos Cosmico.

A quei tempi la relazione con la natura era profondamente sentita; ma è stata in gran parte erosa nei secoli con la Rivoluzione Scientifica. Nel corso del dicIoTtesimo e diciannovesimo secolo, sia il fulmine che la luce furono privati della loro luminosità spirituale, aprendo così la strada a una spiegazione interamente materialistica della luce e ad un approccio completamente tecnologico all'elettricità.

All'inizio, le frequenze utilizzate erano all'estremità inferiore dello spettro elettromagnetico. Nel 1890, le linee elettriche che consegnavano la nuova elettricità di rete alle fabbriche e alle case erano standardizzate a 50 o 60 Hz (cicli al secondo). Quando le trasmissioni radiofoniche pubbliche iniziarono negli anni '20, erano principalmente nelle frequenze delle onde lunghe sotto i 500 KHz (migliaia di cicli al secondo).

Col passare del secolo, le frequenze utilizzate dalle tecnologie nuove e migliorate divennero sempre più alte. Negli anni '30 e '40 furono utilizzate le frequenze di onde medie e corte (tra 500 KHz e 1700 KHz), mentre negli anni '50 furono impiegate le frequenze molto alte (VHF) di 30 - 300 MHz (o milioni di cicli al secondo) per entrambe trasmissioni radiofoniche e televisive.

Durante la seconda guerra mondiale, fu scoperto un metodo per generare frequenze ancora più elevate, tra 3 e 30 GHz (migliaia di milioni di cicli al secondo), che divenne la base per il radar. Ad ogni escalation in frequenza, era necessaria più potenza per trasmettere le onde radio. L'avvento di telefoni cellulari, smartphone e Wi-Fi, ha fatto largo uso della parte Ultra High

Frequency (UHF) dello spettro (300 MHz - 3 GHz) per la trasmissione del segnale.

La trasmissione in queste frequenze richiede più di dieci volte la potenza necessaria per la trasmissione VHF. Oggi, alle soglie della nuova era di un "ecosistema elettronico" ad altissima frequenza, sarà necessaria ancora più potenza per una trasmissione efficace delle sue onde millimetriche. Quindi l'ambiente naturale sarà completamente saturo di una nebbia invisibile di radiazioni (fig. 2). In questo schizzo storico, vediamo frequenze sempre più alte, che formano la base di ogni nuova innovazione tecnologica.

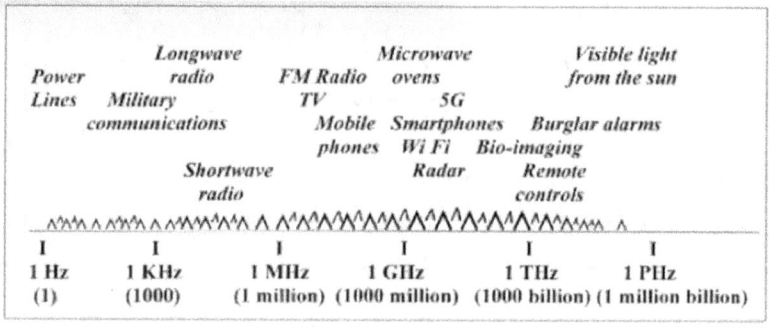

FIGURA 2: radiazione elettromagnetica indotta dall'uomo, che mostra le frequenze in cicli al secondo.

CI STIAMO DISSOCIANDO DAL MONDO NATURALE

Con l'introduzione di ciascuna delle nuove tecnologie, gli esseri umani sono diventati un po' più dissociati dal mondo naturale.

Consideriamo come è successo. Dal 1890 in poi, la fornitura di elettricità di rete a case, scuole, ospedali e fabbriche ha causato una rivoluzione nel tenore di vita, liberando l'umanità dalla sottomissione ai cicli della natura di giorno e notte, estate e inverno; dando accesso a una nuova fonte di luce, calore e potenza. Poi, negli anni '20, la radio ha permesso alle persone di comunicare a grandi distanze e ha portato le voci di re e politici, cantanti e poeti nei nostri salotti, anche se non erano fisicamente presenti.

Negli anni '50, la televisione ha intensificato l'esperienza di un mondo assente ma presente, trasmesso dall'immagine in movimento.

Con l'avvento della telefonia cellulare, la tendenza alla dipendenza da un mondo assente è stata notevolmente rafforzata, in parte perché lo schermo è diventato un'interfaccia portatile verso una rete globale, quale è internet, e in parte a causa delle politiche di deliberato sfruttamento di Facebook, Google e altri per agganciare le persone in una relazione avvincente con il loro dispositivi e con il mondo assente. (nota 1.) La dipendenza da smartphone disloca entrambi gli utenti dal loro centro interiore e allo stesso tempo li disconnette dall'ambiente naturale.

Il 5G accentuerà ulteriormente questa tendenza delle persone a perdersi e indebolirà ancora di più il loro rapporto con la natura, poiché promette di rendere una realtà virtuale avanzata accessibile a tutti. Il prossimo sviluppo della tecnologia VR è quello di integrare l'auricolare con una "tuta tattile", che consente a chi lo indossa di provare sensazioni di tocco - pressione, calore, durezza, morbidezza, umidità e secchezza - nella realtà virtuale.

Tali opportunità di "immersione totale" nella realtà virtuale porteranno a una crescente confusione su a quale mondo apparteniamo veramente: il mondo generato elettronicamente o il mondo naturale. L'uso della Realtà Aumentata, reso possibile attraverso caschi speciali, occhiali elettronici o lenti a contatto, che sovrappongono il contenuto virtuale all'esperienza del mondo fisico, aumenterà la confusione, poiché il virtuale sarà sempre più integrato nel mondo reale. (nota 2)

Le persone si abitueranno a considerare il mondo virtuale come un grande accentratore della loro attenzione, delle loro emozioni e pensieri, come faceva prima il mondo naturale. La tentazione sarà quella di dare la loro lealtà a ciò che non solo indebolisce la loro relazione con la natura ma anche, attraverso il suo assalto all'immaginazione, con un possibile effetto corrosivo sulla vita interiore. La confusione sarà poi forse aggravata da un enorme aumento nell'uso dell'olografia 3D che darà alle entità virtuali la possibilità di incarnarsi elettronicamente nell'ambiente fisico. Completamente.
Questo è ciò che consentirà la saturazione del mondo con onde millimetriche ad altissima frequenza. In sintesi: le onde stesse, con il loro inquinamento, sono solo una parte del problema; sono le tecnologie che cavalcano sul dorso di queste onde e il loro impatto sulla nostra vita interiore che dovrebbero anche interessarci.

LA FORMAZIONE DEL CERVELLO ELETTRONICO GLOBALE.

Ma se il 5G promette di alterare radicalmente il mondo esperienziale in cui oggi abitiamo, c'è qualcosa in più che dobbiamo capire se dobbiamo cogliere ciò che è realmente in preparazione.

Allo stesso tempo, mentre tecnologie sempre più sofisticate avranno sempre più disconnesso gli esseri umani dal mondo naturale, emergerà gradualmente una rete di "intelligenza" elettronica, di dimensioni globali. Una "intelligenza" che, mentre agli albori dell' "era elettrica" era inizialmente sotto stretto controllo umano, diventerà costantemente più autonoma.

Consideriamo infatti la differenza tra la radiodiffusione e Internet: la prima è sotto stretto controllo umano e ha uno scopo molto specifico; mentre la seconda si è affermata come un'infrastruttura elettronica permanente e costantemente disponibile; ma di portata e gestione indefinite. Ciò che è accaduto negli ultimi decenni è il crescente coordinamento delle macchine dotate di intelligenza, in modo che funzionino senza bisogno di supervisione umana.

Gli sforzi attualmente in corso per creare un ecosistema elettronico 5G sono il presupposto necessario per lo sviluppo e il perfezionamento di una rete globale di intelligenza artificiale, che si nutra del trasferimento molto rapido di grandi quantità di informazioni (Big Data). Questo "cervello" elettronico globale, innocuamente chiamato "Internet of Things", sta già incidendo sulla nostra vita.

MA LA REALTÀ È CHE L'INTERNET OF THINGS È ESSA STESSA IL PRECURSORE DI

QUELLA CHE È STATA CHIAMATA "INTERNET OF THINKING".

Quello che ci apparirà attraverso l'Internet of Things, saranno sempre più cose collegate a Internet e rese "intelligenti" grazie alla capacità di funzionare autonomamente. Sulle autostrade intelligenti la tua auto si guida da sola mentre tu, indossando le cuffie VR e il giubbotto tattile, giochi con computer interattivi sul sedile posteriore; e nella tua casa intelligente il tuo frigorifero ordinerà autonomamente più uova, latte e formaggio per te tramite una connessione wireless con un fornitore.

Ma la realtà è che l'Internet of Things è esso stesso il precursore di quella che è stata chiamata "Internet of Thinking", in cui gli esseri umani si troveranno a dover vivere in relazione con la vasta intelligenza elettronica globale. Essa sarà attiva ovunque nel nostro ambiente e saremo obbligati ad interagire con esso al fine di svolgere anche i compiti più semplici (NOTA 3). Magari essendo costretti, sempre, ad usare carte di credito anche per andare in bagno.

COMMENTO POLITICO: In Internet of Thinking non è difficile vedere i lineamenti di uno stato totalitario sovraccaricato elettronicamente, con un controllo senza precedenti sulle minuzie della vita degli individui. Questo è ciò che significa 5G: significa mettere in atto non solo un sistema di telecomunicazioni migliorato, ma piuttosto un nuovo "sistema di sistemi": una infrastruttura molto simile, e lo dico timidamente, a un "totalitarismo elettronico" (NOTA 4).

Attenzione: le energie elettromagnetiche che abbiamo evocato e risvegliato, e che hanno promesso di darci nuovi poteri, ora rischiano di sopraffarci, portandoci giù in un regno sotterraneo di intrattenimento e distrazione, di illusione e disconnessione dalla quella realtà che dovrebbe contare davvero (per lo meno per molti): la realtà della natura, che infonde la natura; la realtà delle altre creature con cui condividiamo il nostro mondo, vivendo nel suolo e nel cielo e camminando sulla Terra accanto a noi.

Dobbiamo forse chiederci: la Terra ha bisogno di un ecosistema elettronico così complesso? Trarrà beneficio in qualche modo dall'irradiazione con onde millimetriche? Possiamo sperare che il 5G sia la risposta ai pressanti problemi ecologici, sociali e spirituali che affrontiamo oggi?

Non lo sappiamo. Non sappiamo bene cosa ci guadagneremo, ma sappiamo ciò che stiamo perdendo Siamo probabilmente alla soglia della perdita di un po' della nostra spiritualità, della nostra cultura. Le lauree in filosofia, in lettere in arti, non valgono più nulla. Valgono solo le lauree tecnologiche: in ingegneria, fisica, informatica. Ammesso che questo sia una perdita, cosa possiamo fare per non perderci ulteriormente?

Qualcosa credo debba essere fatto: dobbiamo forse sviluppare una chiara percezione di quella che definirei la "qualità morale dell'elettricità", (ammesso che esista…). Ciò ci consentirà di rompere l'incantesimo che ci rende oggi schiavi di elettricità e di tecnologie elettroniche, e ci consentirà di stabilire una relazione più appropriata con loro.

NOTE:

1. *Jacqui Goddard, "Facebook exploits human weakness, admits former boss Sean Parker" The Times, 10th November, 2017.*
2. *Ovum, "5G Economics of Entertainment Report".*
3. *Maynard Williams, "Welcome to the Internet of Thinking", The Telegraph, 8th May, 2018.*
4. *Nokia White Paper, 5G – a System of Systems (www.Nokia.com).*
5. *Rudolf Steiner, Anthroposophical Leading Thoughts (Forest Row: Rudolf Steiner Press, 2007), p.218.*

3. SOCIAL MEDIA: DA SOLI INSIEME

I social media ci rendono meno socievoli? Quale scotto paghiamo per essere collegati con quasi un miliardo di "amici"?

***

Senza dubbio, la rete dei social media cambia per sempre il modo in cui interagiamo.

Tutti sembrano essere, innanzitutto, costantemente, "collegati ai loro telefoni, più che alle persone". È diventato così normale che potremmo non accorgercene più. Su autobus, nei caffè, gente che cammina lungo la strada guardando un telefono. Tutti che smanettano costantemente piccoli computer che sono diventati una necessità per la vita moderna. È facile cadere in questa abitudine, in cui, in ogni pausa delle attività quotidiane, lo smartphone scatena un riflesso inconscio che fa affondare la mano in tasca.

C'è qualcosa che non va? Giudicate voi: gli stessi strumenti creati per connetterci e semplificare la nostra comunicazione hanno iniziato in realtà a prendere il sopravvento sulle nostre vite. Molti di noi si trovano incapaci di andare da qualche parte senza il telefono; senza social media, instant messenger, email. L'incubo di perdere il cellulare è uno dei più tremendi incubi della nostra civiltà. Incubi per il rischio di non comunicare con qualcuno?

Ma va!

Non ci siamo forse chiesti, quando abbiamo cominciato ad usare intensamente il cellulare, se stessimo passando troppo tempo a parlare al telefono e non abbastanza per gli incontri di persona? Scommetto che l'abbiamo fatto. Ma ci siamo curati della risposta?

Con questo cambiamento nella norma sociale, le persone dovrebbero, in linea teorica, diventare più aperte; in modo simile a come il cellulare ha reso le persone più accessibili. In pratica, però, nella realtà di tutti i giorni, stiamo vivendo uno dei più grandi esperimenti sociali di tutti i tempi: siamo cavie della tecnologia sociale; che sta provando a scollegarci, mantenendoci collegati.

Ma è colpa nostra, solo nostra. Possiamo condividere quasi tutto, quasi in tempo reale con oltre 800 milioni di utenti online; e alcuni sanno bene che, come risultato, stiamo diventando isolati. Ma non è colpa di Facebook (e similari); questo strumento sociale non è mai stato progettato per sostituire le interazioni faccia a faccia: proprio come il cellulare non potrebbe mai sostituire le riunioni o gli incontri con gli amici. La sua missione principale è connettere le persone online.

Senza Facebook, molte persone non si sarebbero mai collegate, (ma forse sono sconosciuti di cui non ti avrebbe mai importato nulla); e la domanda è: gli amici veri continui a vederli o ti basta smanettare con loro qualche commento su facebook? Rispondi e capirai se Facebook ti sta rendendo più solo di prima. E magari più frustrato. Ma non per colpa sua; per colpa tua! Certo, può essere che i social media rappresentino una forza per il bene, sia facilitando i movimenti globali, sia collegando semplicemente le persone. Ma il loro consumo può farci diventare ansiosi, vuoti e solitari.

I social media sono infatti ambigui; e lo spiego così: c"è una serie di bisogni sociali umani che essi soddisfano in maniera subliminale. Su larga scala vogliamo sentirci parte di ognuno; su piccola scala vogliamo sentire di essere amati, o almeno stimati (o invidiati). E loro ci elargiscono tutto ciò.

E il rovescio della medaglia è che tutti abbiamo insicurezze: perfezionismo, confronto verso l'alto, invidia, ricerca di rassicurazione. I social media giocano su questi tratti, e lo fanno con molto successo. E lo fanno senza che noi ce ne accorgiamo.

Queste tecnologie sociali ci aggiornano costantemente su ciò che fanno gli altri (veramente ci aggiornano su ciò che gli altri vogliono che noi sappiamo di loro): a quali eventi stanno andando, a quali feste e viaggi; e quali promozioni hanno sul lavoro, e ci mostrano le foto dei loro "corpi ginnici". Ogni immagine è accuratamente selezionata dai nostri "amici", filtrata e sottotitolata in modo da apparire in qualche modo impeccabile; e invidiabile.

Anche se sai benissimo che anche tu fai lo stesso, e sai benissimo che queste non sono quasi mai immagini naturali di vita quotidiana, continui a scorrere il tuo "feed", mettendo inconsciamente il tuo vivere quotidiano accanto ad istantanee e commenti accuratamente selezionati da "amici", con il fine di generare stupore, invidia, stima e, magari, rabbia. Amici che raramente conosci di persona e, se li conosci, spesso, sono vecchi conoscenti di cui ti interessa solo una metà della loro vita. Ecco, potresti sentirti leggermente meglio se, nella fotografia "postata" il tuo vecchio compagno di scuola risultasse più ingrassato o invecchiato di te; ma talvolta può accadere che un commento astioso, magari di politica, possa cominciare a rovinare un'amicizia vera; e i tuoi paragoni ti lasciano comunque ancora insoddisfatto, con un sapore strano in bocca. E anche così, ripeti questo comportamento innumerevoli volte.

La spiegazione è che c'è una piccola scarica di dopamina in ogni nuovo elemento di social consultato, una costante sensazione di "FOMO" (*) se non ci si tiene aggiornati. Inconsciamente o meno: i siti di social media hanno centrato la formula perfetta. Un po' di ansia, ma non abbastanza da scoraggiarti. Un po' di comportamento avvincente, ma non abbastanza da farti pensare che ci sia qualcosa di anormale nel controllare il tuo telefono ogni dieci minuti. Una piccola quantità di ricompensa sociale, ma non abbastanza per soddisfarti a lungo. Non sorprende che questi fattori rendano i social media una piattaforma perfetta per la pubblicità.

Confronto costante, "disponibilità" 24 ore su Internet, non sono cose buone per la nostra salute mentale. Certo, ci sono dei vantaggi nell'essere in grado di inviare messaggi a qualcuno e ottenere una risposta immediata, sicuramente nel caso che tu abbia urgente bisogno del consiglio di amici o stai cercando di trovarli in una stazione ferroviaria affollata. Ma, se ti senti preoccupato perché hai troppi testi a cui non hai ancora risposto con commenti, o solo perché qualcuno non ha commentato immediatamente al tuo commento; allora c'è qualcosa che non va.

Dico di più: i sentimenti di inadeguatezza e inferiorità sono spesso accentuati attraverso i social media, e questi possono approfondire i problemi di autostima e influenzare l'umore.

Quello che era iniziato, quindi, come un modo per connettersi con gli amici, è finito ad essere come un modo conveniente e onnipresente per bastonarci. Non sto suggerendo che i social media siano la radice delle difficoltà di qualcuno. Ma per molti possono abilitare e accentuare i modelli di pensiero pessimisti esistenti, rendendo la vita più ansiosa.

Non esiste una soluzione facile a queste difficoltà. Tagliare i social media del tutto può funzionare per alcune persone, ma per molti sarebbe difficile. Del resto i social media sono anche una grande piattaforma per la nuova informazione e perdere ciò sarebbe un grande peccato.

I social media possono essere una grande forza per il cambiamento, una fonte di apprendimento e un luogo da condividere. Dobbiamo però non permettere che si paghi per ciò un prezzo troppo alto.

DA SOLI INSIEME

Questa non è fantasia, questa è la nostra vita.
Noi siamo i personaggi

Che hanno invaso la luna,
che hanno computer che non si spengono mai
Noi siamo gli dei che possono disfare
il mondo in sette giorni.
Stiamo iniziando a vivere per sempre,
con parte dei nostri corpi in plastica.
Componiamo le nostre parole picchiando su tasti
Ci sentiamo attraverso l'aria e l'acqua.
Ma siamo soli.
 Il genere è morto. Inventa qualcosa di nuovo.
Inventa un uomo e una donna
nudi in un giardino,
inventa un bambino che salverà il mondo,
una maestra che insegna
a bambini che la amano.
Inventa due amici al bar.
 Inventaci come eravamo
prima che i nostri corpi brillassero
e la smettessero rapidamente
di sanguinare per una ferita:
inventa il guardare un'amica negli occhi
una ragazza che lava i panni,
una donna che balla
abbracciata ad un uomo.
Inventa, per favore, da capo,
Inventa lacrime vere, amore durevole,
parole lente, antiche,
amici veri.

(*) FOMO (acronimo per l'espressione inglese Fear of Missing Out; letteralmente: "paura di essere tagliati fuori") indica una forma di ansia sociale caratterizzata dal desiderio di rimanere continuamente in contatto con le attività che fanno le altre persone, e dalla paura di essere esclusi da un qualsiasi evento o contesto sociale.

4. CON INTERNET CI HANNO RUBATO IL NOSTRO TEMPO

"Non dimentichiamo che il loro denaro viene fatto attraverso la cattura del nostro tempo".

***

Quella della connessione perenne è una degenerazione della famosa affermazione cartesiana, convertita in: "partecipo ergo sum". E' oggi un'onda in piena.

In un video mandato tempo fra in TV, in Italia, per esortare alla disciplina nella guida, si vede lui che si glorifica della velocità mentre guida (con due ragazzini) pazzamente e senza cintura, riprendendosi al cellulare; e si intuisce una sterzata. Poi la realtà ci conduce all'obitorio e in una sala di rianimazione. Ma, al di là delle tragiche frasi di "Pubblicità Progresso" noi potremmo dire: "chi non ha peccato scagli la prima pietra!", vorrei vedere se, chi sta criticando non ha fatto almeno una volta la medesima cosa del guidatore, o cose simili.

Quel parallelepipedo nero di 2001 Odissea nello Spazio è oggi uno smartphone; e le scimmie che si ammazzano con la clava siamo noi.

L' umanità sta vivendo due "storie"; una che dice: "fai molta attenzione a ciò che desideri, perché l'otterrai ... E la seconda: "i creatori spesso perdono il controllo delle loro creazioni".

Non stiamo parlando del Dr Frankenstein, ma della Silicon Valley; che ha trascorso anni a costruire allegramente tecnologia che riteneva stesse cambiando il mondo in meglio. E in parte magari lo ha fatto, ma non nel modo in cui sperava.

Assieme alle due "storie" infatti, si sono aggiunte due tipi di distopie (utopie negative) : C'è la distopia di Orwell" - che fa riferimento al 1984 di George Orwell; " e la distopia di Huxley"; in riferimento al romanzo del tutto sconosciuto di Aldous Huxley del 1932, Brave New World.

Nella distopia di Orwell le persone non leggono libri perché sono vietati. Nella distopia di Huxley le persone non leggono libri perché sono distratti . Nella distopia di Orwell, le cose che temiamo ci prendono mentalmente e nella distopia di Huxley le cose che desideriamo prenderanno noi.

Però, attenzione: i nostri orchi ci vogliono oggi curare

Nel 2013, il sig. Tristan Harris distribuì una presentazione all'interno dell'azienda Google avvertendo (1) che le loro pratiche di progettazione sfruttavano la psicologia della gente per rubare il loro tempo. Esortando i suoi colleghi a utilizzare la loro intelligenza informatica, su milioni di telefoni Android e browser web Chrome, per creare invece, negli utilizzatori, "stati d'animo più tranquilli".

Google aveva creato il primo "progettista informatico etico" (IE) col desiderio di curarci della malattia che loro stessi ci stavano inoculando. Questo primo fu seguito poi da altri:

due anni dopo, nel 2018, Mark Zuckerberg divenne lui stesso "etico" (2), proclamando, come nuovo suo obbiettivo, quello contro le fake news, e in favore della cura mentale delle persone dipendenti da social media (sic!). Nel frattempo Google e Apple hanno aggiunto nuove funzionalità per "aiutare gli utenti a ignorare i dispositivi di accesso a Internet" (3). Un po' come mettere il lupo a guardia delle pecore.

Queste persone sono dei fenomeni: accorgendosi che le loro macchine ci fanno male, sviluppano programmi per tenerci lontano dalle loro macchine. Sono veramente buoni e bravi! Ma non è tutto: ora questi informatici etici predicano oggi anche un nuovo vangelo, contro il "declassamento della razza umana".

Ve ne do un esempio: durante una serie di sessioni maniacali di brainstorming a San Francisco, *all'Esalen Institute*, un ritiro sulla costa della California, essi hanno lanciato un avvertimento: "i giganti della tecnologia stanno creando l'equivalente culturale del cambiamento climatico".

La verità la conosciamo. Dipendenza, distrazione, disinformazione, polarizzazione e radicalizzazione; tutti questi "uragani" pare abbiano una causa comune. Provengono dal fatto che ora trascorriamo grandi porzioni della nostra vita all'interno di sistemi sociali artificiali, gestiti da società private a scopo di lucro. Sarebbe bello se i loro profitti venissero dal renderci migliori esseri umani; invece fanno parte di una "economia dell'attenzione estrattiva", in cui IL LORO DENARO VIENE FATTO

ATTRAVERSO LA CATTURA DEL NOSTRO TEMPO e, appunto, della nostra attenzione.

Tutti questi fattori messi insieme hanno creato una "corsa al ribasso del tronco cerebrale", in cui sempre più pressanti e sofisticati strumenti di intelligenza artificiale verranno dedicati a sfruttare ciò che si può definire il "ventre molle delle nostre menti di animali".

Ma c'è anche qualcosa di più sinistro: queste Intelligenze Artificiali hanno imparato a renderci più ansiosi e confusi, perché queste qualità ci rendono loro migliori clienti (o meglio: più lucrosi clienti).

Ma perché lasciamo che ciò accada?

LA CRISI DELL'AUTOSTIMA

Consideriamo la crisi di autostima in riferimento ai social media. Molti IE danno oggi la colpa ai social network per l'enorme aumento della depressione adolescenziale. Quindi si auto-incolpano.

"Se voglio tenerti come un utente che ritorna, c'è da fare molto lavoro per attirare la tua attenzione ogni volta", spiegano gli IE . "Ma se potessi modificare la tua identità in modo da farlo tu per me, sarebbe molto più efficiente. Come posso farlo?" Facile! Se potessi indebolire la tua autostima in modo che tu abbia bisogno di una convalida per ogni cosa che fai, e vieni assuefatto a questo comportamento, sarebbe perfetto. Che ne dici se ti mostrassi ogni giorno che alla gente piacevi di più se solo apparivi un pochino diverso?"

Non c'è da stupirsi, che il 55% dei chirurghi plastici americani affermi di aver avuto pazienti che dicono di voler apparire migliori nei *selfie*.

L'implicazione futura è che l'Intelligenza Artificiale, nella sua cieca ricerca di massimizzare i numeri, sviluppi strategie che modificano il nostro cervello. Ma questi fatti non abbattono la fiducia che abbiamo verso la *Silicon Valley* e i suoi miti? Forse; anche perché non tutti i suoi leader sono innocenti geni infantili che non avevano idea di cosa stessero creando. Sean Parker, un ex dirigente di Facebook, afferma che lui, Mark Zuckerberg e gli amici, sapevano esattamente cosa stavano facendo "e lo abbiamo fatto comunque", dice.

Sarà quindi vero che le aziende che imparano a trattare gli esseri umani come "risorse da sfruttare" supereranno quelle che intraprendono percorsi etici più elevati? Speriamo di no; ma forse sarà così.

COSA SI PUÒ FARE?

Anche se forse c'è da compiacersi della multa di 5 miliardi di dollari contro Facebook, nel 2019, per lo scandalo *Cambridge Analytica*, probabilmente stiamo trattando il sintomo, non la causa. Invece, i problemi sistemici richiedono un approccio sistemico, rendendo, ad esempio, troppo costose le pratiche che causano danni sociali.

Un modo sarebbe quello di modificare le regole che proteggono i social media dalla responsabilità per il contenuto che i loro utenti postano. Rendendoli pienamente responsabili; come accade per i giornali.

Un'altra proposta è quella di dare alle imprese tecnologiche un dovere fiduciario verso i loro utenti, anche più severo rispetto al dovere di diligenza ordinario per chi produce beni di consumo "normali". Proprio come i medici e gli agenti di cambio sono obbligati ad agire nell'interesse dei loro clienti; a pena di essere citati in giudizio, quindi, le imprese tecnologiche dovrebbero essere tenute a un livello più elevato di buona fede.

La potenza dei loro sistemi di intelligenza artificiale, è diventata così grande, infatti, che esiste un'asimmetria ineludibile tra loro e i loro utenti. Dato che l'intelligenza artificiale è alimentata dai nostri dati, i suoi produttori dovrebbero essere puniti, in caso di fallo, per aver tradito la nostra fiducia.

CONVERTIRE LA CULTURA DEI PROGETTISTI ALL'ETICA

Molti pensano ci debba essere un cambiamento culturale, e anche spirituale, nella *Silicon Valley* e produttori affini; (ma come la mettiamo con i cinesi?). Ma ciò significa che un certo numero di lavoratori tecnologici dovranno essere attraversati da una crisi morale.

Un cambiamento nella loro cultura significherebbe un cambiamento nelle pratiche di progettazione. Ad esempio, alcuni suggeriscono: le aziende potrebbero deliberatamente rallentare pagine Web e pulsanti in determinati punti al fine di "dare ai nostri cervelli la possibilità di recuperare il ritardo". Possiamo però citare un esperimento eseguito da Amazon, che ha rilevato che per ogni 100 millisecondi di maggiore lentezza di caricamento della sua pagina, viene perso l' 1% delle vendite. Amazon accetterà questa perdita di business?

Una guida alla progettazione (4) pubblicata dal *Center for Humane Technology* sollecita i progettisti ad essere molto più cauti rispetto a una serie di caratteristiche specifiche inducibili dai loro programmi, come "scarsità artificiale", "segnalazione di urgenza", "filtri" e "stato sociale quantificato". Suggerisce di evitare "obblighi impliciti", limitare la condivisione virale e inserire "spunti" nei loro sistemi che offrano ai propri utenti regolari opportunità di interrompere la loro navigazione. Servirà a qualcosa? Non lo sappiamo ancora; ovviamente.

NON TUTTI SONO CONVINTI. MOLTI RIMANGONO SCETTICI.

Una critica è che sembriamo ignorare i precedenti tentativi di frenare le Big Tech. Attivisti e studiosi avvertono da anni che Facebook è diventato troppo grande, che Google è diventato troppo potente, che gli algoritmi sono una bomba a tempo pieno di disinformazione e corruzione. E si fa molto poco per correggere; ma forse è una situazione senza ritorno.

NOTE:

1. https://www.theverge.com/2018/5/10/17333574/google-android-p-update-tristan-harris-design-ethics
2. https://www.telegraph.co.uk/technology/2018/01/04/world-feels-anxious-divided-mark-zuckerberg-vows-fix-facebook/

3. https://www.telegraph.co.uk/technology/2018/05/08/google-aims-help-smartphone-addiction-making-devices-easier/
4. http://humanetech.com/wp-content/uploads/2019/04/humane_design_worksheet.pdf

5. COME SOPRAVVIVERE AGLI ODIATORI; CIOÈ GLI "HATERS"

All'età di 20 anni, ci preoccupiamo di ciò che gli altri pensano di noi. All'età di 40 anni, non ci interessa cosa pensano di noi. A 60 anni scopriamo che non ci hanno pensato affatto.

(Ann Landers)

***

Non esiste una norma che definisca con precisione in cosa consista lo "hate speech" (che comprende "discorsi d'odio", "espressioni d'odio", "linguaggio d'odio", ecc.) esso consiste in una specifica forma di discriminazione che si estrinseca non attraverso azioni o omissioni, ma mediante deprecabili modalità di manifestazione del pensiero. Diffuse e reiterate attraverso Internet, tali forme espressive hanno l'effetto di alimentare i pregiudizi, consolidare gli stereotipi e rafforzare l'ostilità.

L'universo degli haters, dei troll, delle shitstorm e del cyberbullismo cresce in maniera esponenziale; la grande diffusione degli haters ha anche una motivazione economica. Coi loro commenti negativi diventano degli "influencer" in grado di dirottare il mercato da una parte all'altra. Dal punto di vista del marketing, l'hater genera engagement, ovvero coinvolgimento da parte dell'utente.

Ecco alcuni consigli, presi qua e là, per sopravvivere:

Ricorda sempre: non fanno statue dei critici. Fanno statue dei sognatori, di quelli che hanno rischiato. I rivoluzionari che hanno avuto un impatto sono quelli che hanno cambiato le regole, hanno posto fine alle guerre e combattuto per la libertà.

Stai per ispirare invidia e critiche perché hai successo in quello che fai? Considera che la critica è la migliore prova che tu abbia avuto un buon successo. Fa sì che le critiche siano il tuo combustibile, non la tua kryptonite.

Ciò che qualcuno dice riflette spesso come egli stesso si senta. Se qualcuno ti offende chiediti: "Che cosa sta passando questa persona? Ha forse bisogno di dire qualcosa del genere per sentirsi meglio?" E magari passaci sopra: nel momento in cui prendi i commenti negativi personalmente, stai perdendo.

Le persone felici e di successo non perdono tempo a dire cose negative sugli altri. Perché dovrebbero?

Quando fai buone cose, avrai sempre nemici. E' utile sapere che è inevitabile. Quindi chiediti: "Come posso usare gli odiatori per sostenere ancora di più ciò in cui credo?"

Innanzitutto comprendi che ciò che alimentiamo cresce e che ciò che facciamo morire di fame, muore. Non reagire quindi ai tuoi nemici. Renditi conto che le loro parole riguardano più qualcosa di irrisolto in loro, che in te.

Abbraccia le critiche. I momenti di disagio sono di solito un segno che sei sulla strada giusta. La prossima volta che qualcuno criticherà le tue scelte, chiediti se sei fedele ai tuoi valori personali. Se la risposta è sì, sorridi e sappi che stai facendo la cosa giusta!

Gli "haters" comunicano spesso per chiedere aiuto. Le persone ferite feriscono le persone. Quando combattiamo gli altri, riveliamo più del nostro vero carattere che del loro. Un attacco agli altri espone quindi solo il nostro processo mentale, le insicurezze, le emozioni represse e il modo in cui giudichiamo le persone.

I sostenitori migliori e più potenti spesso iniziano come i tuoi critici più duri. Ma non ignorare il feedback dei critici. Ascoltali e interagisci con loro in modo costruttivo. Spesso non è la tua idea o posizione generale che è il problema, ma forse puoi modificare un punto particolare. E comunque, se ricevi un "feedback" - indipendentemente dal fatto che tu lo consideri costruttivo - sii umile e consideralo apertamente con gratitudine. Se la critica è un attacco duro e aperto, non rispondere con un altro attacco.

"Il test per un'intelligenza di prim'ordine è la capacità di tenere due idee opposte nella mente allo stesso tempo, e mantenere comunque la capacità di funzionare lucidamente e logicamente. La prossima volta che sarai attivato per rispondere, prenditi un momento per prendere in considerazione un'opinione diversa piuttosto che respingerla immediatamente. Una parola scoraggiante potrebbe diminuire la tua riflessione.

Sii veloce nell'ascoltare, lento nel parlare e lento alla rabbia" (F. Scott Fitzgerald).

Detto ciò: Quello che serve è una cultura della civiltà online; insegnando nella scuola e nella famiglia il rispetto per il prossimo, e la dignità delle persone che vivono dall'altra parte della tastiera. Facendolo, si scopre, sorprendentemente, che la Rete, oltre a "ucciderti" può anche farti trovare i metodi per curarti...

6. SIAMO IMMORTALI PERCHE' SIAMO DIGITALI?

(breve raccontino fantastico e, spero, irreale)

Lo schermo del tablet è scheggiato sul lato destro; ma la visione è ancora accettabile. Il suo limitato spessore lo rende comunque facile da afferrare per le mani artritiche di Maria, mentre lei cerca il pulsante di accensione.

Il tablet è lento. Era già un vecchio modello quando lo comprò, usato, per Andrea molti anni fa. È un miracolo che si connetta ancora alla rete. Ma, tutto sommato, la connessione è merito della rete, che oggi, con i suoi miliardi di antenne ti trova dovunque tu sia.

"Ha tre anni" aveva detto Maria al negoziante. "Andrea non ha bisogno di niente di speciale."

"Tre?" Il negoziante aveva sorriso. "I bambini capiscono la tecnologia meglio di noi. Sono nativi digitali, giusto? Scommetto che suo figlio avrà bisogno di qualcosa di più aggiornato entro un anno".

Maria era rimasta paralizzata dall'indecisione tra file di smartphone e tablet in esposizione. Era stata riluttante a comprare un tablet per il figlio: ma gli esperti avevano revocato le restrizioni sul tempo trascorso davanti allo schermo da parte dei bambini; restrizioni molto strette anni prima. Prima di allora, si diceva, troppa tecnologia era mentalmente ed emotivamente dannosa per i bambini. Oggi no, anzi! Oggi ci si aspettava addirittura, e si richiedeva fermamente, che, non solo i bambini, ma anche gli anziani come lei, abbracciassero in toto la fluidità tecnologica digitale.

Il negoziante, però, aveva ragione. Andrea era diventato rapidamente frustrato dal dispositivo. Voleva qualcosa di più veloce e con più funzionalità. E lo ebbe; ne ebbe tanti di seguito, device di tutti i tipi; anche perché, dovendoci poi lavorare, tutto il giorno, ne aveva avuto e ne ha bisogno. Il lato positivo è che il suo tablet scartato è diventato il dispositivo di Maria. Lei non ha mai avuto bisogno di molto.

Lo schermo si accende con un suono familiare. C'è Andrea, lui è sempre online.

"Mamma!"; oggi Andrea indossa il suo sorriso di sei anni. Ha sempre voglia di scherzare e cambia spesso avatar; ma sa che il suo sorriso di sei anni piace molto alla madre.

"Ieri è stata una giornata molto gradevole: dopo il lavoro sono andato a sciare con gli amici. Ma poi abbiamo terminato con una bella nuotata al mare. Domani però andremo in piscina; si nuota meglio senza onde". E' stata giornata piena di abbracci; quello è sempre il momento più bello. Sai mamma, è molto bello abbracciare gli amici; è molto bello abbracciarsi. Quando lo facciamo sembra che gli schermi degli occhiali si fondano in uno solo".

Ma la faccia sullo schermo è sbagliata. Un po' intorno alle orecchie. Una contrazione delle labbra. Solo una madre si accorgerebbe che non è lui. "Puoi cambiare faccia, per favore, caro?" Chiede Maria.

Lui si sistema meglio, ora nel corpo di un ventenne, ben rasato e ottimista. "Va meglio così, ti piace? Tu come stai? E' passata un'eternità da quando ci siamo sentiti l'ultima volta.

Ma non è vero: semplicemente il tempo scorre in modo diverso per Andrea. Qualcuno lo spiegò a Maria, una volta: un giorno appare un'eternità per un giovane, ma un'eternità non è più di un secondo, per un vecchio. Ma era un ragionamento troppo confuso per lei da capire.

"Andrea, i dottori dicono che non sto bene. Morirò presto."

"No. Mamma. Te l'ho già detto, vivrai per sempre."

Lei gli passa il dito sul viso, che, in realtà, non invecchia mai oltre i ventisei anni. Era stato durante la quarta ondata, quando le regole erano diventate definitive, che Andrea aveva scelto questo suo aspetto. Da allora aveva sempre ventisei anni, anche se gli piaceva giocherellare col suo avatar.

"Non è quello che pensi che faccia la tua anima, mamma? Lascerai il tuo corpo, ma la tua anima andrà avanti, portata (anzi, "postata") avanti dai tuoi amici e dagli amici degli amici. Per sempre."

"È quello che spero." Disse lei scuotendo la testa. "Non sarai mai sola, mamma. Sarai perennemente collegata ad ogni mente."

"Non a tutte le menti." Non ancora. Ce ne sono ancora alcuni, moltissimi, che non sono ancora miei amici su Facebook; vorrei avere tempo. Ma il tempo mi manca.

Il labbro di Andrea sembra tremare. "E comunque ricorda che sarai sempre connessa a me; non sei contenta?"

"Sì, sì; ma prima potevo abbracciarti veramente; potevo stringerti a me e sapere per certo che eri tu - davvero tu - tra le mie braccia"

Il dolore che Maria ha alle braccia può essere scambiato per artrite; ma non lo è. Era iniziato non appena Andrea se n'era andato, prima del lockdown permanente. I medici avevano diagnosticato, come causa della SLA, una "sindrome del nido vuoto". "Volevo solo dirti addio, amore mio."

Maria culla il suo vecchio tablet, come se in esso ci fosse il corpo che ha creato. Quando i suoi occhi si chiudono, l'immagine sullo schermo è tornata quella di bambino di sei anni, bagnata da lacrime sul suo volto digitale.

7. COME LE TECNOLOGIE DIGITALI INFLUENZANO LE MIGRAZIONI

Due campi di ricerca ci consentono di esaminare l'impatto delle tecnologie digitali sui migranti precari e sui regimi migratori da una prospettiva critica: (1) studi sulla migrazione digitale e (2) studi sui confini e sulla sorveglianza / sicurezza. Entrambi i campi generano conoscenze in diverse discipline, come antropologia sociale, sociologia, scienze politiche, diritto, studi internazionali e studi sulla comunicazione e sui media.

La ricerca presente in questi due campi dimostra che, da un lato, le TIC (Tecnologie dell'informazione e della Comunicazione) possono essere utilizzate in modo creativo dalle popolazioni di rifugiati e da altri attori della società civile per massimizzare le possibilità dei rifugiati di completare il loro viaggio verso i paesi di destinazione e soddisfare le loro aspirazioni di condizioni di vita. E dalle istituzioni per il controllo e l'integrazione dei rifugiati

All'inizio degli anni 2000, alcuni studi empirici hanno evidenziato l'importanza delle tecnologie digitali come risorse per i migranti in situazioni di vulnerabilità; nonostante le persistenti disuguaglianze in termini di accesso, infrastrutture e competenze digitali (Diminescu 2002 ; Horst 2006 ; Nedelcu 2009 ; tra gli altri). Ad esempio, Diminescu ha mostrato che i telefoni cellulari sono diventati strumenti strategici per i migranti africani per regolarizzare la loro situazione in Francia . Allo stesso modo, Horst ha descritto come i rifugiati somali nei campi di Dadaab (Kenya nord-orientale) ricevessero un sostegno costante dai loro coetanei residenti all'estero, in particolare attraverso un sistema semi-formale di comunicazione e servizi bancari gestiti tramite telefono, fax, SMS ed e-mail.

Allo stesso tempo, Internet ha creato una nuova sfera sociale che consente alle popolazioni rifugiate di trovare uno spazio in cui esprimere le proprie rivendicazioni e identità. Baujard (2008) ha scoperto che i rifugiati birmani (con sede in India e Thailandia) hanno usato piattaforme virtuali per l'attivismo digitale come strumenti principali per rafforzare la loro identità di rifugiati e per esprimere rivendicazioni politiche.

Più in generale, le diaspore di rifugiati utilizzano le TIC per raccogliere informazioni e risorse che consentono loro di mobilitarsi attivamente e agire come attori transnazionali all'interno della società civile nel loro paese di origine, ad esempio inviando rimesse in denaro (Bernal 2005 ; Syrett e Yilmaz 2019). Questi diversi esempi mostrano che i migranti in situazioni di elevata precarietà (sociale, economica o giuridica) sono in grado di fare usi innovativi delle TIC.

La crisi dei rifugiati emersa nel 2015 ha dato nuovo impulso agli studi incentrati sull'impatto delle TIC sui processi migratori e Leurs e Smets (2018) ha affermato che "l'eccezionale attenzione" riservata alla mediazione digitale delle pratiche di mobilità forzata dei migranti si riflette ora in un'area di ricerca in crescita nel campo degli studi sulla migrazione digitale. Questo crescente interesse abbraccia diversi processi. Un importante flusso di ricerca sta portando alla ribalta il ruolo essenziale svolto dalle tecnologie mobili (ad esempio gli smartphone) e dai social media (ad esempio Facebook, WhatsApp) nell'aiutare i rifugiati a ottenere informazioni vitali per compiere i loro viaggi con successo. Le app di posizionamento globale, le mappe digitali e le piattaforme digitali attraverso le quali le esperienze vengono condivise all'interno di reti informali rappresentano una logistica innovativa che consente ai migranti di affrontare meglio il sociale in evoluzione (e spesso ostile)..

Ad esempio, Gillespie, Osseiran e Cheesman (2018) hanno dimostrato che gli smartphone sono vitali quanto il cibo e l'acqua nel passaggio dei rifugiati siriani e iracheni verso l'Europa. Da un lato, questi strumenti di comunicazione mobile consentono ai rifugiati di pianificare, navigare e documentare i loro viaggi, pur essendo in regolare contatto con la famiglia e gli amici. D'altra parte, gli smartphone danno la possibilità di essere localizzabili durante gli spostamenti (ovvero in grado di comunicare la loro posizione alle guardie costiere o ai membri della famiglia) e soprattutto essere 'visibili per garantire la propria sopravvivenza in mare. Durante il loro viaggio verso Europa, i rifugiati fanno circolare la conoscenza collettiva circa il viaggio, che viene poi raccolta e diffusa da altri migranti "pionieri", reti familiari ed etniche.

Tuttavia, gli stessi strumenti digitali che danno sicurezza ai rifugiati durante il loro passaggio in Europa possono essere utilizzati anche contro di loro. Tracce digitali possono servire ai regimi politici ostili dei paesi di origine per monitorare gli avversari politici. C'è poi anche il rischio di fare affidamento su una disinformazione che può mettere a repentaglio il progetto di migrazione. Consapevoli di queste minacce, i richiedenti asilo siriani nei Paesi Bassi hanno sviluppato varie strategie per convalidare le informazioni provenienti dai social media (Dekker et al.2018). Queste strategie includono la preferenza per le informazioni fornite da reti personali e legami sociali affidabili, nonché il collegamento di diverse fonti di informazione, combinate con le esperienze personali dei migranti.

Allo stesso tempo, c'è un crescente corpo di ricerca che punta a diverse forme di attivismo digitale che danno visibilità alle popolazioni di rifugiati. In primo luogo, gli studi sulle diaspore digitali dimostrano che Internet ha creato, soprattutto per le diaspore di rifugiati altamente politicizzate (Van Hear 2006), nuove sfere pubbliche che `` potrebbero consentire alle voci dei migranti di essere ascoltate dove la partecipazione politica è altrimenti scarsa " (Kissau e Hunger 2008 , 6), consentendo così a una voce collettiva di gruppi minoritari di emergere (Mitra 2005 ; Nedelcu 2018).

Alcune nuove iniziative digitali basate sulle app hanno portato alla produzione di soluzioni tecnologiche abilitate destinate ai 'rifugiati intelligenti' (Dekker et al. 2018 ; Ennaji e Bignami 2019) e la "diaspora dei rifugiati" (Leurs e Smets 2018). In particolare, una miriade di hackathon (eventi cui partecipano sviluppatori e programmatori) ha facilitato lo sviluppo di soluzioni pragmatiche e applicazioni per smartphone per aiutare i rifugiati nei loro viaggi (Irani 2015 ; Madianou 2019).

In questo modo, le iniziative basate su Internet hanno integrato le azioni collettive avviate da consolidate attività di difesa dei migranti e ambienti associativi che tradizionalmente intervengono sul campo a favore dei rifugiati nei paesi di accoglienza e di transito.

FONTI

Journal of Ethics and Migration Studies : https://www.tandfonline.com/doi/full/10.1080/1369183X.2020.1796263

CAPITOLO III

GLI SCONTRI TRA TECNOLOGIA DIGITALE E: CULTURA, ARTE, FILOSOFIA, RELIGIONE

1. **MA COME SI FA A STRACCIARSI LE VESTI PER LA NECESSITA' DI COMPETENZE DIGITALI, SE L'ITALIA HA SMESSO DI INVESTIRE IN "CULTURA"?**

   In Europa nel campo digitale siamo arretrati in tutto. Anche nella cultura digitale. Ma il problema di base è la Cultura: Il Bel Paese ha il numero di immatricolazioni universitarie più basse; le relative tasse sono le terze più care d'Europa e gli abbandoni sono tanti.

   Secondo i parametri DESI (Digital Economy and Society Index) della UE, siamo arretrati in quasi tutto ciò che riguarda il digitale. Ma quello che sicuramente ci dovrebbe preoccupare di più, è renderci conto che, rispetto agli altri paesi europei, siamo arretrati nella cultura digitale; nei cosiddetti skill. E, come vedremo, la causa di ciò, probabilmente, è che, dolorosamente, siamo arretrati nella cultura; in generale. Quella cultura di cui siamo stati la culla.

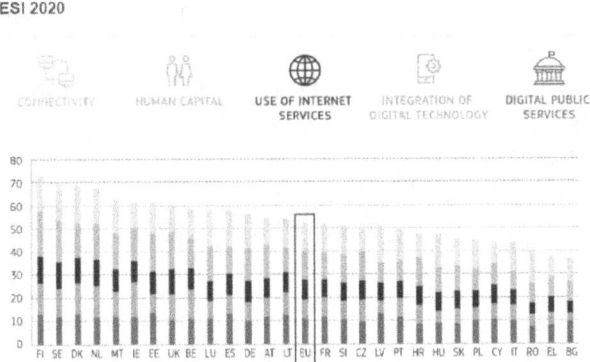

Innanzitutto i grafici DESI illustrano il fatto che, nel capitale umano digitale, siamo non solo arretrati rispetto alla media europea, ma anche rispetto a quei paesi europei che si stanno sviluppando.

E, quel che è peggio, di anno in anno stiamo arretrando nelle posizioni di confronto con altri paesi UE. Nel 2015 eravamo quintultimi, nel 2020 siamo quartultimi. Fra pochi anni potremo vincere il "cucchiaio di legno" di buoni ultimi. Infatti, anche se è vero che alcuni progetti sono finalmente in corso per dotare gli italiani di banda larga e ultra larga, e di cultura digitale, non possiamo illuderci che gli altri paesi stiano fermi.

Le cause? Innanzitutto la bassa spesa per l'educazione, in generale. Secondo Eurostat, l'Italia è il fanalino di coda in Europa per percentuale di spesa pubblica destinata alla cultura (1,1% a fronte del 2,2% dell'Ue a 27) e, come se non bastasse, al penultimo posto, seguita solo dalla Grecia, per percentuale di spesa in istruzione (l'8,5% a fronte del 10,9% dell'Ue a 27). Analizzando la percentuale rispetto al Pil, l'Istat poi sottolinea che la spesa per l' istruzione è diminuita, passando dal 4,4% del 2014 al 4,2% nel 2015 mentre quella per la cultura si è quasi dimezzata passando dallo 0,8% allo 0,5%.

Parliamo in particolare delle nostre università; perché per molti anni abbiamo pensato di avere delle università eccellenti. E invece no, secondo "Times Higher Education" la migliore università italiana (la Normale Superiore di Pisa) è al 112mo posto a livello mondiale, mentre i nostri "fiori all'occhiello" come il Poli di Milano e la Sapienza di Roma sono tra il 200mo e il 250mo posto.

l'Italia, poi, sforna meno laureati di tutte le nazioni europee: Eurostat sottolinea che nel nostro Paese si laureavano e si laureano ancora pochi studenti. A fronte di una media europea del 36,8% la quota di popolazione tra i 30 e i 34 anni in possesso di un diploma di alta formazione arriva appena al 22,4 per cento. Una performance che ci vale l'ultima piazza nell'Ue a 28. Molto alta, poi, la percentuale di abbandoni. Dai dati disponibili nel rapporto OECD Education at a Glance in Italia soltanto il 32,8% degli studenti porta a termine un corso di laurea a fronte di una media OECD pari al 38%.

Si potrebbe dire che le nostre università, però, hanno tasse universitarie basse? No; secondo "Eurydice", in Europa, le tasse universitarie più alte si pagano nel Regno Unito; dopodiché, le tasse italiane e quelle spagnole si contendono il secondo posto: tutte le altre nazioni europee godono di tasse universitarie più basse.

Allo stesso tempo, le università italiane attirano pochi studenti stranieri. Nel 2013 (ultimi dati OECD), meno di 16.000 studenti stranieri degli altri Paesi dell'OCSE risultava iscritto nelle istituzioni italiane dell'istruzione terziaria (il gruppo più rilevante di essi proviene dalla Grecia) rispetto a circa 46.000 studenti in Francia e 68.000 in Germania.

Francesco Avvisati, *senior analyst* presso *L'Organizzazione Per La Cooperazione E Lo Sviluppo Economico (OECD)* dice: "Da noi mancano i quadri intermedi, quei periti di cui le aziende tanto avrebbero bisogno, mentre in Francia ad esempio gli Istituti universitari di tecnologia sfornano informatici in due anni". Disattenti agli esiti lavorativi, i nostri atenei si rivelano carenti anche sul fronte delle competenze di base: la priorità del sistema resta quella di formare belle menti, ricercatori, dirigenti, ingegneri. Non c'è l'idea di concentrare gli sforzi per elevare le competenze medie dei ragazzi usciti dalle superiori».

Diversi indicatori suggeriscono pertanto che una delle principali cause di questo decadimento sia collegata alla bassa qualità dell'insegnamento. Secondo OECD (Organisation for Economic Co-operation and Development - una organizzazione con 34 paesi membri), spesso, in Italia, i titoli di studio non coincidono con l'acquisizione di competenze solide; sollevando interrogativi circa la qualità dell'apprendimento nelle istituzioni dell'istruzione terziaria. L'Italia, ad esempio, con la Spagna e l'Irlanda, ha registrato uno dei punteggi più bassi in termini di lettura e comprensione (literacy) dei 25-34enni, titolari di un diploma universitario (istruzione terziaria), che hanno partecipato allo studio dell'OCSE sulle competenze degli adulti. Molti laureati hanno difficoltà nell'integrare, interpretare o sintetizzare le informazioni contenute in testi complessi o lunghi, nonché nel valutare la fondatezza di affermazioni o argomentazioni a partire da indizi sottili.

E' tutto? Forse no.

Forse no, perché alcuni, in realtà, si chiedono dove sia finita la "Cultura" italiana. Non solo quella digitale; ma la Cultura vera e propria. L'antropologo Tullio Altan, ad esempio, è un convinto sostenitore del fatto che le tare della società italiana abbiano la loro spiegazione nel perdurare di una mentalità che ha origini lontane, di secoli; e pertanto chiarisce il rapporto che passa tra mentalità e altri aspetti della vita collettiva e denuncia lo scarso impegno degli studiosi italiani nell'esaminare questi problemi. E il declino pare cominciare nel '700. In altre parole, dopo essersi lungamente imposta come un modello di civiltà, nel '700 l'Italia cominciò ad importare idee: il rapporto con le altre aree europee si era completamente rovesciato.

2. RIPENSARE IL RAPPORTO TRA CULTURA E TECNOLOGIA

L'epoca in cui viviamo, di gratificazione istantanea e fascino per la tecnologia all'avanguardia ha portato molti artisti, psicologi, educatori, pensatori (ma anche tecnologi) a chiedersi se non staremmo meglio con un pochino meno di tecnologia.

Pensiamo veramente di essere intellettualmente più ricchi quando mediamo la nostra comprensione del mondo attraverso i motori di ricerca e il web? Cosa succede all'arte, alla cultura, e all'identità, quando la tecnologia si diffonde?

E dove andremo dopo?

***

La verità è che lo stato attuale della tecnologia è sia insoddisfacente che soddisfacente. In molti modi ci deruba della nostra umanità, e in molti altri la valorizza. Gli appassionati di tecnologia potrebbero mettere in discussione ciò che costituisce il progresso umano da alcune angolazioni correlate.

IL DIGITALE APPIATTISCE E NON DIVERSIFICA?

Il sentimento generale verso il web e la pletora di dispositivi che ci circondano è di credere che essi abbiano consentito e democratizzato l'espressione umana e l'accesso alle informazioni.

Però, se un governo facesse oggi quello che fanno, ad esempio, Google e Facebook, apparirebbe autoritario: ma quando ad essere colpevoli sono i tecnologi, tutto si sfuma.

E (esempio significativo) le culture difficili da digitalizzare sono ridotte alla loro somiglianza digitale più vicina. Gli utenti della tecnologia, soprattutto occidentali, non si accorgono quasi del monolito che ha mascherato la natura di alcune delle culture umane più elaborate. Siamo troppo ben distratti dai piaceri del mondo digitale per renderci conto di ciò che ci manca. Noi occidentali, ad esempio, non sappiamo, o non ricordiamo, quanti meravigliosi script tradizionali – come il nastaliq (1) e la miriade di stili calligrafici orientali – si son dovuti arrendere alla grossolanità e alla monotonia della rigida scrittura digitale, solo perché erano difficili da codificare.

E questo è solo uno dei molti esempi che mostrano come, se guardato da una prospettiva culturalmente informata, l'attuale mondo digitale standardizzi la voce umana molto più di quanto la diversifichi.

ESPRESSIONE ARTISTICA

Certa arte si è evoluta in modo strano.

Alcuni anni fa Ian Brown (un...interessante giornalista (4)) pubblicò un pezzo (2) stimolante in The Globe and Mail, sostenendo che l'accesso democratico alla fotografia ha anche generato "un'incredibile ondata di mediocrità". Proporzionale all'aumento della capacità di memorizzazione e con una diminuzione di sostanza e qualità.

Da un punto di vista tradizionale, lo scopo dell'arte è anche quello di affinare l'artista. Le opere d'arte servono infatti anche a far comprendere ai suoi spettatori l'anima e la personalità dell'artista, il suo io più intimo. Ciò richiede sincerità, presenza, meticolosità e pratica paziente per tutta la vita.

Ma con la rivoluzione di massa dell'inquadra e scatta", hobbisti e *selfie-isti* permanenti hanno abbandonato le filosofie riflessive della fotografia per un consumismo nevrotico.

E' vero che sono emerse nuove forme di comunicazione visiva; ma forse abbiamo perso l'arte.

Molti di noi, posseggono varie macchine fotografiche reflex, molte magari anche a pellicola, ed alcune digitali. E anche vari obbiettivi. Ma quando oggi vanno in giro, scattano le foto con lo smartphone. Quando si girava con la reflex cercavano l'inquadratura e la giusta esposizione; e su un rullino da 36 erano magari felici se otterranno una foto di qualità artistica. Con una buona definizione.

Oggi con lo smartphone ci si preoccupa per lo più che le persone sorridano; non è importante che il soggetto sia bene a fuoco e nitido; perché importante è il momento e il *"guardate dove sono"*: non è importante la foto in se stessa.

E, dopo la "condivisione" la foto scompare nel mare dei Gbytes. La rivedremo mai?

INTELLIGENZA ESISTENZIALE

Secondo me un must da leggere quando si parla della filosofia e della tecnologia è "The Power of Patience"(3), scritto dalla professoressa di studi umanistici all'Università di Harvard Jennifer L. Roberts.

La Roberts scrive dell'imperativo umano di insegnare agli studenti il valore della "decelerazione e dell'attenzione immersiva". Uno dei compiti che assegna ai suoi studenti è infatti quello di fissare un'opera d'arte per tre ore intere, in un museo, lontano dai posti che sono soliti frequentare e dalle distrazioni quotidiane.

Ella scrive: "Si presume comunemente che la visione, il "vedere", dia una sensazione immediata. Pensiamo che il "vedere" sia diretto, semplice e istantaneo; motivo per cui è diventato il senso principale per la fornitura di informazioni nel mondo tecnologico contemporaneo. Ma ciò che gli studenti imparano in modo viscerale con questa tecnica è che in ogni opera d'arte ci sono dettagli, ordini e relazioni che richiedono tempo per essere percepiti: Ciò che questo esercizio mostra agli studenti è che, solo perché hai *guardato* qualcosa, non significa che *l'hai visto*.

Solo perché qualcosa è immediatamente disponibile alla visione non significa che sia immediatamente disponibile alla coscienza. Oppure, in termini leggermente più generali: l'accesso non è sinonimo di apprendimento. Ciò che trasforma l'accesso in apprendimento, è il tempo e la pazienza".

La nostra idea comune di un pezzo di tecnologia che sia migliore di quella precedente è che sia più veloce. Invece, la decelerazione è essenziale per l'apprendimento e, nelle parole della Roberts, "i ritardi non sono ostacoli inerti che impediscono la produttività. I ritardi possono essere essi stessi produttivi".

Riflettiamo: la conversazione faccia a faccia si svolge lentamente. Insegna la pazienza. Quando comunichiamo coi nostri dispositivi digitali, impariamo invece abitudini diverse. Mentre aumentiamo il volume e la velocità delle connessioni online, iniziamo ad aspettarci risposte più veloci. Per ottenere queste, ci facciamo l'un l'altro domande più semplici, che possano essere capite velocemente; dequalifichiamo le nostre comunicazioni anche sulle questioni più importanti.

Il nostro furioso attaccamento alla velocità ha notevolmente ridotto la nostra capacità di attenzione e la nostra tolleranza per le situazioni a bassa stimolazione. Non tolleriamo più ritardi silenziosi e, allo stesso modo, abbiamo perso l'arte di impegnarci in attività silenziose e prolungate che non comportino iper stimolazione.

Distrazione, velocità e impulsività sembrano definire l'ultima versione di Umani 2.0.

IL PROGRESSO TECNICO E' PROGRESSO UMANO?

Il paradigma prevalente sembra riguardare il progresso tecnico, non il progresso umano; e i due non sono necessariamente sinonimi.

Tutti i tipi di gadget interessanti vengono inventati e smanettati per soddisfare esigenze individuali. Ma l'assunto di base è errato: ci avviciniamo a presumere, erroneamente, che una visione del mondo tecnologicamente fluente possa spiegare tutte le distinte sfumature culturali e individuali e rappresentarle in modo accurato e significativo; forse persino sostituirle.

Affinché la tecnologia funga da utile supporto alle interazioni umane, all'espressione artistica e all'arricchimento culturale, dobbiamo forse tornare al tavolo da disegno: ripensare e progettare strumenti innovativi; ma secondo principi umanistici. Infatti, la mia impressione è che, invece di esigere che le nostre menti creative producano tecnologia incentrata sull'uomo, abbiamo accettato di diventare umani incentrati sulla tecnologia.

È giunto forse il momento per menti coraggiose e liberi pensatori di studiare, interrogare, sfidare e ridefinire rigorosamente i progressi in termini più umanistici e culturali. Il futuro della civiltà dipende anche da questo.

NOTE:

1. *https://www.pinterest.it/muhammadannan/calligraphy-nastaliq/2.*
2. *https://www.theglobeandmail.com/life/humanity-takes-millions-of-photos-every-day-why-are-most-so-   forgettable/article12754086/*
3. *https://harvardmagazine.com/2013/11/the-power-of-patience#article-images*
4. *https://www.theglobeandmail.com/authors/ian-brown/*

3. L'UMANESIMO DIGITALE

Dobbiamo contrapporci all'emergere dell'ideologia in base alla quale l'uomo non è altro che un computer assai complesso; e che prima o poi lo sviluppo tecnico assottiglierà, fino ad annullarla, ogni differenza tra uomo e macchina. Fino a rendere l'uomo sostituibile. Dobbiamo recuperare la centralità dell'essere umano rispetto alle macchine; dobbiamo imparare a mantenere le giuste proporzioni; per non farci schiacciare dall'idea che la tecnica governerà tutto, e che ciò sia inevitabile.

***

Nella stessa categorizzazione dei temi dello scibile umano, si ha spesso cura di distinguere, separandole, la TECNOLOGIA dall'UMANESIMO (prima) e dalla CULTURA (oggigiorno); suddivisioni che sono ben capite ed accettate da tutti. Sappiamo tutti come le lauree umanistiche come storia, lettere, filosofia, abbiano perso, oggi, gran parte del loro valore "commerciale". Ciò che oggi il mercato vuole sono lauree tecnico scientifiche, come ingegneria, fisica; e magari chimica, biologia, ecc...

Umanesimo e Tecnologia sono quindi cose diverse e stiamo perdendo il nostro Umanesimo?
E la definizione di UMANESIMO DIGITALE non potrebbe essere vista, quindi, come una strana confusione dei due temi: dove il Digitale è da considerarsi tecnologia, e quindi difficilmente mescolabile con la Cultura?

Facciamo un passo indietro; anzi, parecchi passi indietro: più o meno agli albori della "Cultura Umana".

Innanzitutto ricordiamo come mondo delle Scienze, oggi composto da tanti campi di studio diversissimi fra di loro, e da altrettanti ambiti applicativi che investono la nostra vita, ha, nella Filosofia, il suo punto di origine. Senza il procedimento razionale del pensiero logico, introdotto nella Storia dell'umanità dagli antichi greci, la Scienza, come specifica forma di sapere, semplicemente non esisterebbe. Per gli antichi greci dunque Filosofia e Scienza erano sinonimi: filosofo era colui il quale osservava la Natura per cercare di carpirne i segreti.

Più tardi, nei primi secoli d.C. furono dette liberali quelle arti ritenute degne dell'uomo libero e considerate come fonte di sapere disinteressato. Formatasi in età greco-romana, la nozione di arti liberali fu teorizzata nel sec. V dallo scrittore e avvocato Marziano Capella che, in una celebre opera (De Nuptiis Mercurii et Philologiae), fissò il numero e l'ordine delle sue componenti: grammatica, retorica, dialettica; aritmetica, geometria, musica (in quanto scienza matematica), astronomia. Già in queste categorie riscontriamo temi che poco hanno oggi a che fare, nell'accezione generica, con la "Scienza" come la intendiamo oggi.

Poi, mentre nel XV secolo si sviluppava l'Umanesimo (quel movimento culturale, ispirato da Francesco Petrarca e in parte da Giovanni Boccaccio, volto alla riscoperta dei classici latini e greci, tramite i quali poter avviare una "rinascita" della cultura europea), da Galileo in poi viene messo da parte il procedere prevalentemente deduttivo della scienza, e si fa definitivamente a meno anche dell'autorità derivante dalle sacre scritture o dalle teorie dei grandi pensatori dell'antichità. La scienza per Galileo deve basarsi solo sulle sensate esperienze e necessarie dimostrazioni. A partire dalla fine del XVI secolo dunque, la distinzione fra Filosofia e Scienza diventa netta e ben visibile.

Con il passare del tempo questo divario diverrà sempre più ampio perché la scienza ha definitivamente smesso di chiedersi il "perché delle cose", peculiare della speculazione filosofica, e si è limitata a comprendere "il come" dei diversi fenomeni osservati.

E siamo ai giorni nostri. E' forse tempo di una nuova rivoluzione culturale, un nuovo Rinascimento? E questa rivoluzione, forse, non sta già succedendo?

Se proviamo a ricercare una diversa categorizzazione, notiamo come la definizione di "Umanesimo" che oggi accettiamo, non sia univoca (V. anche NOTA 2). Quella più classica si riferisce ad un fervore per lo studio dell'antichità, che si esplica in una intensa attività filologica nello studio del mondo classico e nella conoscenza approfondita della lingua greca e latina. Ma quella che mi piace di più, e che vorrei trattare qui, è quella della consapevolezza della posizione privilegiata che ha l'Uomo nella Natura.

Le "nuove" categorie, da me ipotizzate in maniera arbitraria, potrebbero quindi essere:
SCIENZA DELL'UOMO (Umanesimo): è quella Scienza che si occupa di studiare l'Uomo, e non potrebbe esistere se egli non fosse esistito e non esistesse. Comprende sicuramente Storia, Filosofia, Lingue antiche e moderne.

SCIENZA DELLA NATURA (Scienza): è quella scienza che studia le caratteristiche della Natura e potrebbe benissimo esistere, anche se l'Uomo non esistesse. In essa comprendiamo: Fisica, Chimica, Biologia, Astronomia.

SCIENZA DELLA NATURA APPLICATA ALL'UOMO (Tecnologia). In essa comprendiamo Matematica/Geometria, Ingegneria, Medicina, Elettronica/Informatica.
Concentriamoci quindi su quest'ultima: la Tecnologia; e notiamo come essa veda, come missione, la centralità dell'UOMO. Esattamente come l'Umanesimo.

Nel 2015, i "ragazzi di Gartner" coniarono una denominazione strategica, che chiamarono Digital Humanism . Scrissero anche un Manifesto sull'umanesimo digitale (NOTA 1).

L'umanesimo digitale, come definito da Gartner, è infatti l'idea che le persone siano al centro della manifestazione delle imprese e dei luoghi di lavoro digitali. Le aziende che abbracciano l'umanesimo digitale usano la tecnologia per ridefinire il modo in cui le persone raggiungono i loro obiettivi e consentire alle persone di raggiungere cose che prima non erano possibili.

Nonostante gli sforzi di Gartner, il termine in realtà non decollò. Ma ciò potrebbe essere radicato in alcuni equivoci più profondi del termine stesso e delle sue implicazioni e interpretazione. Ivi compresa l'assenza di centralità dell'Uomo. Prima di tutto: "Umanesimo" abbiamo accertato come sia una parola ambigua. Per confondere il lettore occasionale, Wikipedia elenca diversi tipi di umanesimo (NOTA 2).

L'umanesimo digitale può essere ad esempio una filosofia etica, una teoria basata sulla generazione di conoscenza, significato e competenza oppure può essere un nuovo movimento intellettuale come l'Umanesimo rinascimentale. E poi, ci sono le discipline accademiche chiamate discipline umanistiche che discutono anche di un umanesimo digitale almeno dal 2011.

Con Gartner non facciamo molti passi avanti. Cosa può essere quindi l'Umanesimo Digitale?

Facendo ricerche, ho scoperto una opinione innovativa espressa da Milad Doueihi , un professore francese di scienze umane digitali (!) All'Università Parigi-Sorbona (NOTA 3). La sua definizione, sebbene vista attraverso l'obiettivo delle discipline umanistiche, ha molto senso:

L'umanesimo digitale è il risultato di una convergenza finora non sperimentata tra il nostro complesso patrimonio culturale e una tecnologia che ha prodotto una sfera sociale senza precedenti.

Questa convergenza, invece di formare semplicemente un legame tra l'antichità e OGGI, ha ridistribuito concetti, categorie e oggetti, nonché comportamenti e pratiche associate, il tutto in un nuovo ambiente. L'UMANESIMO DIGITALE È L'AFFERMAZIONE CHE LA TECNOLOGIA ATTUALE, NELLA SUA DIMENSIONE GLOBALE, È UNA CULTURA, IN QUANTO CREA UN NUOVO CONTESTO, SU SCALA GLOBALE.

La tecnologia digitale è quindi una cultura con al centro l'Uomo. Questa è una affermazione forte; ma naturalmente vera e per nulla nuova. Già nel 1984, l'anno di Orwell, la sociologa e psicologa Sherry Turkle (che era nata a sua volta nel 1948, anno in cui Orwell finì di scrivere il suo famoso romanzo) pubblicò il suo libro "The Second Self: Computers and the Human Spirit". Lì definisce il computer non più come un semplice strumento, ma come parte della nostra vita personale e psicologica quotidiana.

Osserva come il computer influenzi il modo in cui vediamo noi stessi e le nostre relazioni con gli altri e afferma che la tecnologia definisce il modo in cui pensiamo e agiamo.

Nel 1995, mentre il web era ancora agli inizi, Sherry Turkle tirò fuori un altro libro ormai classico: "Life on the Screen". Più di due decenni fa, la sociologa aveva già pensato e scritto sui mondi virtuali, sul loro impatto sul modo in cui pensiamo di noi stessi e su come la nostra identità umana cambi a causa del confine sbiadito tra uomo e computer. Solleva nel libro domande etiche e domande sulla percezione, riguardo alla differenza tra la mente umana e le macchine. Sono principi, oggi, importanti: in un'epoca in cui si parla di intelligenza artificiale come una cosa che potrebbe sostituire del tutto gli umani. E non mettere gli umani al centro delle nostre attività.

Il che ci riporta a Gartner; che, in opposizione all'umanista digitale, vede il "macchinista digitale". Il macchinista cercherà di automatizzare tutto e mettere l'utente, le persone, fuori dall'equazione: il più possibile, e forse anche del tutto. Ciò risuona fortemente come una visione del mondo meccanicista e materialista che riduce in pratica l'essere umano a un'entità che può essere sostituita dalla tecnologia.

E sapete qual è anche la paura che la tecnologia non abbia più al centro l'Uomo? E' quella di ritrovarci in un mondo generato da un "apprendista stregone" e che non sappiamo dominare. Vi ricordate la ballata di Goethe ripresa magistralmente da Disney in "Fantasia"? Mentre lo stregone si assenta dallo studio, l'apprendista fa le pulizie. Per farle più facilmente congegna un incantesimo su una scopa affinché essa compia il lavoro. Però la scopa continua a rovesciare acqua sul pavimento e allaga le stanze. Quando si rende conto, l'apprendista, di non conoscere la parola magica per por fine all'incantesimo, spezza la scopa in due; col solo risultato di raddoppiarla. La morale è chiara: meglio non cominciare qualcosa che non si sa come finire.

Visto in questo modo, l'Umanesimo Digitale si riferisce alla secolare preoccupazione di mettere l'umanità, in tutti i suoi aspetti, al centro del nostro lavoro. Lo stiamo facendo? Forse no, ed esaminiamo i rischi culturali:

Le tecnologie digitali stanno sconvolgendo le società e mettono in discussione la nostra comprensione di cosa significhi essere umani. La posta in gioco è alta e la sfida di costruire una società giusta e democratica con gli esseri umani al centro del progresso tecnologico deve essere affrontata con determinazione e ingegnosità scientifica. L'innovazione tecnologica richiede innovazione sociale e l'innovazione sociale richiede un ampio impegno sociale.

L'ondata di dati, algoritmi e potere computazionale sta sconvolgendo il tessuto stesso della società cambiando le interazioni umane, le istituzioni della società, le economie e le strutture politiche. La scienza e le discipline umanistiche (classiche) non sono esenti da questi mutamenti. Nascono preoccupanti dicotomie che sono fuori controllo: il Digitale crea e minaccia, contemporaneamente, posti di lavoro. Aumenta e distrugge la ricchezza; migliora e danneggia la nostra ecologia. Sposta le strutture di potere, sfocando così l'importanza della differenza tra l'uomo e la macchina.

La capacità di automatizzare le attività cognitive umane è l'aspetto rivoluzionario del Digitale. Per molte attività, le macchine superano già ciò che gli umani possono realizzare in termini di velocità, precisione e persino deduzione analitica. È giunto il momento, però, di riunire ideali umanistici con pensieri critici sul progresso tecnologico. Dobbiamo collegarci alla tradizione intellettuale dell'Umanesimo che lottò per un'Umanità illuminata e centrale. Le tecnologie digitali, infatti, non emergono dal nulla: sono modellate da scelte implicite ed esplicite e quindi incorporano un insieme di valori, norme, interessi economici e ipotesi su come il mondo intorno a noi è stato formato: questi principi dovrebbero essere chiari e trasparenti. Molte di queste scelte rimangono invece nascoste nei programmi software che implementano algoritmi che rimangono invisibili.

Dobbiamo sposare un ragionamento razionale critico verso queste tecnologie e chiedere che si costruisca l'interdisciplinarietà necessaria per modellare un futuro digitale che non contrasti con la centralità dell'Uomo e del suo benessere: l'Umanesimo Digitale.

NOTE:

1. *https://www.gartner.com/smarterwithgartner/embracing-digital-humanism/*
2. *https://en.wikipedia.org/wiki/Humanism_(disambiguation)*
3. *https://www.asc.upenn.edu/files/guest-colloquium-milad-doueihi-digital-humanism*

4. PUÒ UN ROBOT RESTITUIRE IL TUO AMORE?"

> *Puoi amare il tuo robot e far sì che il tuo robot ti ami? La risposta è sì, e sta già accadendo. Infatti, con questo scritto, dopo i robot industriali, di servizio e social, vi introduco a una nuova generazione di robot, con la capacità di amare ed essere amati dagli umani.*

***

Esso (o egli?) ha un sistema endocrino artificiale che rilascia ormoni digitali, tra cui l'ossitocina, l'ormone dell'amore. Questo robot è un ulteriore esempio della ricerca sulla relazione uomo-robot. Questi progetti offrono, tra l'altro, nuove opportunità per esplorare gli stessi concetti e le manifestazioni dell'amore umano.

Il Dr. Samani è il direttore del laboratorio di tecnologia per l'intelligenza artificiale e la robotica di Taiwan: AIART, e professore associato presso la National Taipei University, Taiwan. Ha coniato lui il termine lovotica (italianizzazione di "lovotics") una combinazione delle parole amore e robotica; e studia l'amore "bidirezionale" tra robot e umani. Samani ha sviluppato un prototipo chiamato "Lovotics".

Rassicuratevi (oppure deludetevi...): per ora questo prototipo non assomiglia assolutamente ad una bambola gonfiabile. Assomiglia invece molto ad una cosa bianca e pelosa (v. figura sotto); più o meno della forma di un cappello da signora inglese a Wimbledon, con sotto delle ruote e luci rosse e blu che manifestano le sue emozioni.. La differenza che c'è tra lui (o esso) ed una bambola gonfiabile, oltre all'aspetto, è, però, il suo sofisticato sistema di intelligenza artificiale che include un sistema endocrino artificiale che contiene ormoni artificiali, compresa l'ossitocina, spesso indicata come l'ormone dell'amore.

"Quando questo robot interagisce con le persone, il suo livello di ossitocina cambia gradualmente ed aumenta o diminuisce; come negli esseri umani", afferma il dott. Samani. Quindi Lovotics non è uno scherzo, ma un sofisticato progetto di ingegneria avanzata.

Il primo passo in Lovotics è stato lo sviluppo di una profonda comprensione della fisiologia e delle emozioni dell'essere umano per poi modellarla nel robot. Come capite e sapete il tema è arduo; perché, sebbene varie aree della conoscenza umana abbiano proposto idee sul ruolo e la funzione dell'amore, l'attuale sua comprensione è ancora piuttosto limitata. E i "reality show" lo dimostrano ampiamente in maniera scientifica. Di conseguenza, lo sviluppo di un sistema affettivo robotico simile a quello umano presenta notevoli sfide tecnologiche. E magari ci aiuterà a meglio capire l'amore tra umani; senza dover ricorrere agli show suddetti.

La descrizione del robot Lovotics è relativamente semplice: il sistema avanzato di intelligenza artificiale di Lovotics è composto da tre parti fondamentali; include un sistema Artificial Endocrine System (basato sulla fisiologia dell'amore), un assemblaggio probabilistico (basato sulla psicologia dell'amore) e il cosiddetto Affective State Transition (basato sulle emozioni che crea l'amore). L'unità psicologica dell'intelligenza artificiale di Lovotics calcola i parametri probabilistici dell'amore tra l'uomo e il robot. Con esso vengono presi in considerazione vari parametri come prossimità, propensione, esposizione ripetuta, somiglianza, desiderabilità, attaccamento, gradimento reciproco, soddisfazione, privacy, cronologia, attrazione, forma e mirroring.

L'unità fisiologica dell'intelligenza artificiale di Lovotics utilizza un sistema endocrino artificiale costituito da ormoni artificiali il cui studio si basa sull'effetto specifico di ormoni biologici. Gli ormoni emotivi artificiali includono dopamina, serotonina, endorfina e ossitocina. Per gli ormoni biologici sono stati impiegati ormoni come la melatonina, noradrenalina, epinefrina, orossina, grelina e leptina che modulano i parametri biologici come la glicemia, la temperatura corporea e l'appetito.

Inoltre, nello stesso modo di come è possibile trarre una grande quantità di informazioni sulle emozioni e sullo stato d'animo di una persona da espressioni facciali, voce, gesti, ecc.; lo stesso accade per Lovotics. Il sistema affettivo del robot, infatti, analizza gli input del sistema emotivo generale, interno ed esterno, compresa l'identificazione di espressioni facciali; e genera di conseguenza stati e comportamenti adatti per il robot; e tutto ciò in tempo reale. Il sistema affettivo è modellato quindi con la migliore aderenza possibile a quello dell'essere umano; ciò produce un sistema emotivamente coinvolgente (così viene garantito dal progettista).

Lovotics, come dicevo, non è uno scherzo: è un progetto di ricerca multidisciplinare che utilizza concetti fondamentali di robotica, intelligenza artificiale, filosofia, psicologia, biologia, antropologia, neuroscienza, scienze sociali, informatica e ingegneria. L'approccio proposto fornisce in pratica un sistema analitico che consente lo sviluppo di funzionalità basate su ricerche multidisciplinari che analizzano ogni forma di relazioni amorose. Presenti, future e immaginabili.

Cerco di spiegare meglio: il robot Lovotics è in grado di regolare i suoi livelli ormonali digitali nei confronti stimoli esterni anche straordinari; e il rilascio di questi ormoni digitali influenza di conseguenza il comportamento del robot. E noi quindi leggiamo quei comportamenti come felicità, la gelosia e amore. Capito? Il robot può mostrare livelli di energia variabili, e le persone capiscono quali tipi di comportamenti adottare per avere di ritorno una certa emozione. Questo è importante perché capire se ami il tuo robot è in fondo facile. Ti chiederai semplicemente, 'Ami il tuo robot?'

Ma, sorge spontanea la domanda: come misuriamo se il tuo robot ti ama?

Attenzione! questo è un punto importante; e ci fa capire come, realizzando Lovotics, si sia stati in grado di capire molti lati dell'amore umano. Il Dr. Samani dice infatti che nelle nostre relazioni da-umano-a-umano, se vuoi sapere se il tuo partner ti ama, ti chiederai semplicemente se ti senti amato dal tuo partner. In pratica, egli vuole dire, non interessa se il tuo partner ti ami veramente; ma se tu percepisci che ti ami. E lo stesso vale per l'amore bidirezionale tra umani e robot. Fondamentalmente un robot è una macchina, quindi non ci interessa la realtà dietro il feedback del robot, ci interessa che il robot ci dia la sensazione che siamo abituati a considerare come amore. Questo afferma Samani, e chi siamo noi per contraddirlo?

In altre parole se possediamo un Lovotics possiamo dire, "Adoro il mio robot per merito di alcuni sentimenti che egli mi ha espresso" oppure, meglio: "credo proprio che il mio robot mostri tali sentimenti per me, che mi fanno pensare che mi ami.".

https://youtu.be/Yh9twJyaXMc

A giudicare dai video, di cui allego il link qui sopra, potrebbe in realtà sembrare che l'unico modo per aumentare l'amore di un robot sia il "petting"; ma questo fatto non è troppo lontano dalla realtà delle interazioni tra umani (dice sempre il progettista). Presumibilmente, se ti dilunghi ad accarezzare una ragazza in presenza della tua fidanzata, questa si arrabbierà parecchio. E nello stesso modo farai ingelosire Lovotics se ti dilunghi a giocherellare con una presa USB, o con un mouse.

5. **ANTROPOLOGIA DIGITALE: IL FUTURO DELLA MUSICA**

La musica delle prossime generazioni e l'impreparazione delle "major" verso i nativi digitali.

***

Non voglio dilungarmi, qui, circa discorsi sul "tramonto dell'era dell'Hi-Fi"; quando, una volta, persone che potevano permettersi di spendere, acquistavano sistemi comprendenti amplificatore con "pre e finale" di alta classe, magari valvolare, e scatole separate e costosissime come CD player, Cassette player, tuner, giradischi (magari tangenziali) e casse. Le casse che erano la chiave di tutto e, spesso, erano anche la parte che da sola, poteva costare come tutto l'impianto. Ovviamente ci sono ancora alcune di queste persone; ma i loro Hi Fi sono visti come una Jaguar E-Type, come un'auto d'epoca; bellissimi da vedersi e da mostrare. Ma poco da usare, a meno che tu non sia un vero audiofilo. Un discorso a parte, poi, meriterebbero quelli che, ancora oggi, acquistano favolosi impianti Hi-Fi, tipo Bose o B&O; ma li comprano perché sono "belli da vedersi", perché fanno arredamento;

non perché, NECESSARIAMENTE, a loro piaccia la musica.

Ma qui voglio parlare della musica popolare, dei dischi, dei CD; perché, ora, il CD musicale sta morendo.

Il primo CD musicale vide la luce 34 anni fa, Si trattò del riversamento dell'album "The Visitor" degli ABBA, uscito su vinile il 30 novembre dell'anno precedente...Avete notato quanti negozi di vendita CD abbiano chiuso? Se siete l'ultimo baluardo dei nostalgici, quelli che "non ho nulla da fare, vado a vedere le ultime uscite dei CD al negozio", sicuramente avete il magone. Il CD sta soffrendo una delle più lunghe agonie nella storia dei prodotti di largo consumo, e sta diventando dolorosamente chiaro che i download digitali possono ben avviare il business della musica, venduta con i CD, verso il tramonto dei ricavi.

Come siamo arrivati a questo punto? Cosa è successo? La risposta è semplice: ci siamo scrollati di dosso le catene di controllo delle etichette discografiche e abbiamo deciso di ascoltare la musica per quello che volevamo noi e niente di più. Niente più attese fino a quando il CD non è arrivato nei negozi, oppure che la canzone venga trasmessa dalla radio. Con l'avvento del PC e di Internet, è possibile scaricare ciò che si vuole (più o meno) quando si vuole. In maniera legale; anche se poi è importante parlare dei "pirati".

Questo processo di digitalizzazione ha messo oggi noi, il pubblico, in controllo del mercato musicale. Si scopre ora che il valore percepito dal consumatore di musica è dettato dalla disponibilità di avere quel brano musicale "qui e ora". Con iTunes e Spotify, e prima con Napster, ad esempio, si paga per ciò che si chiede.

Ma questo pare non basti ancora per far uscire il settore della produzione musicale dallo stallo in cui riversa oggi. Le major non l'hanno ancora capito; e se lo hanno capito, stanno reagendo male e in maniera scomposta.

Il mondo dei discografici ha combattuto aspramente il fenomeno del "download". Lo sviluppo di internet ha portato, come si sa, alla conseguente diffusione di siti nei quali è possibile scambiare e condividere file musicali velocemente e, spesso, gratuitamente; saltando quindi qualsiasi tipo di intermediazione da parte delle case discografiche. Queste ultime, prese dal panico, hanno quindi intrapreso aspre battaglie legali; che hanno però portato a dei risultati solamente apparenti (vedi la chiusura di Napster), visto che non si è riusciti comunque a fermare la proliferazione di siti con funzionalità pressoché identiche a quelle di Napster. E poi, la stessa Napster è da poco rinata.

Anzi; iTunes (e altri similari) hanno simboleggiato il cambiamento dell'epoca della distribuzione musicale: si è passati dall'acquisto "in blocco" di brani, all'acquisto "per unità".

I discografici, al tempo dei tempi, ci irritavano parecchio col "lato B" dei 45 giri (coi 78 giri c'era una migliore etica), con il farci comprare cose che non avevamo richiesto, e che, spesso non era all'altezza del brano "lato A". Per poi acuire ancor più questa scorrettezza con i 33 giri (i "vinili" per definizione); e con i CD hanno proseguito in quest'azione: per avere quei due-tre brani che desideravamo dovevamo comprarne 20! Al costo di circa 20 euro. (Quando il costo di produzione è di 4-5 euro, ma viene caricato da royalties alte e da IVA sconclusionata rispetto a quella dell'editoria che è al 4%.)

Ma non è tutto qui: lo sviluppo delle tecnologie e dei supporti digitali ha permesso ai potenziali acquirenti di poter duplicare dischi a prezzi contenutissimi mantenendo pressoché inalterata la qualità del prodotto; tutto ciò, secondo le major, ha generato un costante e pesante calo delle vendite trascinando inevitabilmente il settore in uno stato di crisi. E come hanno reagito? Male; prendendosela con la pirateria, senza accorgersi che il mondo stava cambiando.

Le tesi delle major sono state infatti smantellate per una serie di motivi: prima di tutto ricerche di settore dimostrano come la quota di mercato della pirateria musicale, nonostante l'avvento della tecnologia digitale, sia rimasta negli anni pressoché invariata; in secondo luogo le grandi case discografiche sono accusate di osteggiare la distribuzione in rete senza comprendere che probabilmente questa rappresenti il futuro del mercato. Si possono infatti portare molti esempi di siti dove è possibile scaricare file musicali legalmente e a prezzi contenuti che hanno ottenuto risultati molto buoni.

Il problema che appare oggi, però, è che ancora molte case discografiche sembra non abbiano chiaro questi concetti, o l'abbiano capito tardi. Per anni molte etichette discografiche si sono rifiutate di mettere i loro brani in rete (alcune, inizialmente, si rifiutarono anche di produrli in formato digitale). Quando poi, per forza di cose, sono passate al digitale, hanno utilizzato tecniche di DRM per impedire che i brani venissero copiati. Tutto inutile: tutte le tecnologie DRM possono essere scavalcate, anche se ciò è illegale. Semplicemente, quello che sicuramente le case discografiche hanno ottenuto, è stato di rallentare la diffusione dei loro brani; senza sviluppare strategie di distribuzione alternativa. Senza pensare, ad esempio, che i profitti potevano venire dalla pubblicità, e non dalla mera vendita, in blocco di alcuni pezzi. Le case discografiche hanno sempre adottato una strategia difensiva e sono sempre state un passo indietro rispetto alla domanda dei consumatori.

Il punto di vista viene quindi capovolto rispetto all'allarmismo imperante delle major discografiche; e oggi ci si pone la domanda fondamentale se il "download" faccia veramente male alla diffusione della musica. Cifre alla mano, pare che, al contrario, questa attività (compresa quella illegale), in modo anomalo e peculiare, possa svolgere un servizio per il mercato; fungendo da moltiplicatore dei consumi (cfr. Silva, F. e Ramello, Dal vinile a Intenet. Economia della musica tra tecnologia e diritti, Torino, Edizioni Fondazione Giovanni Agnelli).

Ma, attenzione: ora abbiamo bombe demografiche a tempo.

Premetto: secondo il rapporto *"Nielsen SoundScan"*, più del 70% della musica, in USA, è oggi ascoltata attraverso download o streaming. E questa ultima metodologia è l'unica parte dei servizi di musica online che sta crescendo.

Veniamo alle bombe a tempo; la prima bomba è già scoppiata: quella dei "millennials" (la generazione Y) i giovani nati tra i primi anni '80 e la metà degli anni '90. Generazione caratterizzata da un maggior utilizzo e familiarità con la comunicazione, i media, le tecnologie digitali. Di rado, oggi, ascoltano CD e più ancora di rado li comprano. Però ascoltano musica e magari la ascoltano più delle generazioni precedenti. La ascoltano più spesso usando uno smartphone, o andando a concerti, o andando nei locali; o, quando a casa, usando una chiavetta USB nel proprio PC; o lo smartphone. Oppure il televisore, che ha ottimi canali musicali, buona riproduzione e anche il video.

Sempre più di rado usano i CD. (e in molte case il CD player è andato a fare compagnia al videoregistratore).

Vi siete accorti come suona oggi un "DJ avanzato"? Usa un PC ed una consolle; la consolle "imita" un CD player, ma non accetta CD: i brani musicali sono su una chiavetta USB, oppure risiedono nel PC. Dico "Imita" un CD player nel senso che permette tecniche di scratch eccetera. La bravura di un bravo DJ non sta tanto, solo, nello scegliere il brano giusto, quanto nel mixarlo con altri e mantenere costante il ritmo. E se non ha a disposizione (a causa dei diritti d'autore) un certo brano, ne usa un altro, oppure compone brani musicali lui stesso. E questo è il risultato della prima bomba: il CD non sarà più (o non sarà più per niente) la fonte primaria dei guadagni sulla musica.

Ma la miccia è stata accesa su un'altra bomba a orologeria demografica. Un'intera seconda generazione di appassionati di musica è imminente: la generazione dei nativi digitali quelli che hanno oggi dai 12 ai 15 anni.

In questo ultimo decennio digitale del settore della musica, gli sforzi sono stati, e sono ancora, concentrati nella conversione degli acquirenti di CD in qualcosa che abbia a che fare con i download e i file sharing (v. iTunes,) cercando appunto di conquistare i Millennials. Questa è ancora la strategia dominante di quelli che offrono servizi musicali online a pagamento; ma questa strategia sta lasciando i nativi digitali insoddisfatti, perché i loro bisogni differiscono da quelli delle generazioni precedenti. (Infatti, ad esempio, Spotify sta avendo problemi di fatturato).

I nativi digitali non masterizzeranno più CD e faranno sempre meno download nella maniera tradizionale (BitTorrent, iTunes ecc.); ma ascolteranno sempre, e sempre di più, musica; in un modo che sarà diverso. I millennials hanno digitalizzato l'analogico, perché avevano memoria dell'analogico. I nativi digitali saranno digitali e basta; senza reminiscenze; tutto quello che conoscono è digitale. Non compreranno più la musica "per unità" e per loro l' "esperienza" sarà spesso più importante del contenuto. E il "free" infetterà tutto il settore.

Proviamo a dare una sbirciatina al futuro della musica digitale per capire come i nativi la ascolteranno:

Innanzitutto sarà soprattutto in streaming; non è necessario possedere un brano per ascoltarlo su smartphone in streaming, ma sarà utile averlo anche su chiavetta USB; su cui ognuno avrà caricato le proprie "playlist. Questo perché molti riproduttori sono dotati di questo ingresso. Inutile ricordare che lo hanno le auto e molti dei riproduttori di ultima generazione; tv compresi. I fornitori di questi servizi online, quindi, se non permetteranno il download su supporto esterno, potranno avere problemi. Come li sta avendo Spotify.

Questi nativi digitali, inoltre, vedono la musica come colonna sonora pervasiva dei loro ambienti interattivi, coinvolgenti e sociali. La proprietà conta meno, ma non deve essere esclusa. Il contesto e l'esperienza è tutto.

La musica dovrà essere messa in "cloud" su una nuvola, e resa accessibile e condivisibile in ogni momento. La musica potrà essere autoprodotta, con "app", e condivisa in rete e mixata con i brani commerciali. Resa interattiva e coinvolgente. Il video online e mobile potrà poi essere una delle killer application.

In sintesi, la musica, per i nativi digitali, dovrà essere:

• sociale: nella nuvola.

• partecipativa: interattiva, condivisibile e coinvolgente.

• accessibile: la proprietà conta meno (ma conta), ma le questioni di accesso contano di più.

I produttori di musica lo capiranno? Il rischio è che un altro pezzo del loro mercato (quello che è disposto a pagare per alcuni pezzi) possa scomparire per sempre. A favore delle Over The Top (OTT).

Eh sì, perché la musica non scomparirà; scompariranno eventualmente gli intermediari discografici, a favore di Apple, Google, Youtube, ecc; i quali non guadagneranno necessariamente solo sui pezzi venduti, ma anche con la pubblicità e con l'appropriazione e vendita delle identità.

Non so se le case discografiche siano pronte; gli OTT sì.

6. COS'È LA MUSICA? UN MIRACOLO!

Ogni arte ha due importanti componenti: la prima è la creatività, quella cosa che ti procura emozione. Anzi, ti procura, sempre, emozioni tutte le volte che la guardi, la tocchi, la ascolti.

***

La seconda è la tecnica, associata in molti casi alla "materia". Dove, ad esempio, se vuoi essere un buon scultore, devi saper usare bene scalpello e martello, devi conoscere i materiali, le tecniche di fusione, eccetera. La creatività è individuale; mentre la tecnica è oggettiva, sottostà a regole matematiche e fisiche, è pragmatica. Puoi aver fatto, ad esempio, un bellissimo modello in cera, ma se la fusione non è a temperatura giusta, rovini tutto.

La musica è sicuramente, anche lei, tutto questo. Ma le sue caratteristiche "tecniche" sono peculiari, perché noi, come esseri umani, siamo peculiari.

Cerchiamo di capire un po' questa tecnica con l'aiuto della fisica.

Tutti lo sanno: i suoni sono provocati da vibrazioni dell'aria causate dallo strumento musicale o dalla voce; più alta è la frequenza, più alto è il suono. Tempo e Frequenza sono strettamente correlati: Frequenza è il numero di vibrazioni nell'unità di Tempo (tipicamente il minuto-secondo).

Orbene, qual è la difficoltà di mettere insieme un certo numero di frequenze per fare della musica?

Innanzitutto, quante ne vogliamo mettere insieme per fare una buona musica? Le frequenze sonore sono in numero "quasi" infinito. Il "quasi" sta a significare che le frequenze udibili bene sono limitate tipicamente tra 300 Hz e 3400 Hz, ma all'interno di questa gamma "glissando" si può passare da una frequenza all'altra in modo continuo. Con variazioni pressoché infinite della nota.

Tuttavia, anche se infinite, le frequenze effettivamente utilizzate in musica sono solo un centinaio (si pensi, per esempio, agli ottantotto tasti del pianoforte), praticamente niente rispetto alle infinite possibilità degli strumenti sui quali si può effettuare il 'glissando', come la famiglia dei violini, i tromboni e, prima fra tutti, la voce umana.

E qui veniamo ad una particolarità fisiologica. Se l'orecchio umano non sente al di sotto di certe frequenze (300 hz) e al di sopra di 3400 hz (ultrasuoni), possiamo dire che il nostro orecchio è "povero"?

Assolutamente no, perché, all'interno di questa gamma il nostro orecchio possiede tremila elementi sensibili che presentano una sfida finora non vinta dai sistemi di riproduzione musicale; digitali od analogici che siano. Il nostro orecchio sente "musiche" che il suonatore non si accorge di suonare e il cantante di cantare. Queste "musiche" sono definite "armoniche".

Ma perchè un numero limitato di frequenze e perché proprio quelle? Che il numero delle frequenze debba essere limitato è abbastanza semplice da capire: se fossero troppo numerose sarebbe più difficile distinguerle e, nel caso del canto, più problematico emetterle con precisione. Tuttavia, con circa 3.000 elementi sensibili nell'orecchio, distribuiti quasi omogeneamente su dieci ottave (300 per ottava), il fatto di utilizzarne solo 1/25 (12 per ottava) appare alquanto sorprendente.

Questo è, o un autentico miracolo, o un regalo inesplicabile che ci ha fatto la Natura.

Tecnicamente le frequenze armoniche sono le frequenze il cui valore è multiplo intero della frequenza base (frequenza fondamentale) di un'onda.

Per esempio, un'onda che non sia perfettamente sinusoidale che abbia la frequenza di 100 Hz sarà composta, di fatto, da una frequenza fondamentale, cioè una sinusoide da 100 Hz, e da numerosissime frequenze armoniche, da 200, 300, 400, 500 Hz, e così via, con ampiezze variabili.

Queste "armoniche" vengono sviluppate spontaneamente dallo strumento o dalla voce umana e forniscono, tra l'altro, il timbro. Il Timbro è la peculiarità di una nota che ci fa distinguere, ad esempio, se è stata suonata da un violino o da una tromba.

Ma le Armoniche non sono solo timbro e tono, sono molto di più. Sono ciò, ad esempio, che ci fa distinguere una buona registrazione da una cattiva: gli strumenti e le melodie sono le stesse; cosa fa la differenza?

Sono ciò che ci fa distinguere ed apprezzare meglio una musica suonata da un vinile piuttosto che da un CD; una musica ascoltata con casse acustiche di alta qualità da una musica ascoltata con casse da basso prezzo.

Sono ciò che fa distinguere un direttore d'orchestra da un altro; un violino ben fatto da uno Stradivari. Un pianoforte Yamaha (ottimo!) da uno Stainway (unico). Ciò che ti fa spendere 50.000 euro o 10.000 euro per uno strumento.

Si dice che i sistemi di riproduzione non buoni "tagliano le armoniche"; ma come si fa, tecnicamente, a non tagliarle?

Ma, prima di tutto: come si fa a produrle al meglio, quando si fa musica?

Le tecniche sono varie, sia di costruzione degli strumenti, che di riproduzione; e sono ciò che rendono la musica altamente complessa e difficilmente improvvisabile.

Sono ciò che fa *Musica* la musica.

Ma perché abbiamo 3000 sensori nell'orecchio?

Mi piacerebbe pensare che è perché siamo stati "costruiti" come esseri umani per conoscere ed apprezzare la musica.

Oppure è semplicemente un miracolo!

7. **L'UOMO DIGITALE, TECNOLOGICO, HA FORSE PERSO IL CONTATTO CON LA POESIA? FORSE NO: SCIENZA E POESIA, ASSIEME, POSSIAMO SOGNARE CHE POSSANO ESSERE LE CHIAVI PER LA "TEORIA DEL TUTTO"**

La scoperta più notevole fatta dagli scienziati è la scienza stessa.

Questa scoperta deve essere paragonata all'importanza dell'invenzione della pittura e della scrittura nelle caverne, che consideriamo arti. Come queste prime creazioni umane, la scienza è un tentativo di controllare ciò che ci circonda entrando in esso e comprendendolo dall'interno.

E come loro, la scienza ha sicuramente fatto un passo fondamentale nello sviluppo umano e non può essere invertita.

Jacob Bronowski

***

LA SCIENZA HA DA TEMPO DESTABILIZZATO LA POESIA

Il poeta inglese John Donne pubblicò, An Anatomy of the World, nel 1611, un anno dopo l'apparizione dei primi resoconti di Galileo sul suo lavoro con il telescopio.

Cosa aveva rivelato Galileo?

Aveva rivelato che, all'improvviso, l'universo veniva punteggiato da dieci volte più stelle di prima. La percezione del posto della Terra in quell'universo, più esteso di quanto si pensasse, veniva gettata quindi alle ortiche; e, con essa, le convinzioni metafisiche, correlate alle concezioni precedenti: esse non valevano più.

John Donne, pur non completamente convinto dalle nuove teorie che ponevano il sole al centro e la Terra in un semplice vortice, spento e non infuocato, le prese sul serio abbastanza da poter sentire il suo senso interiore vacillare. E scrisse una cosa di cui vi do un estratto:

> *E la nuova filosofia chiama tutti nel dubbio,*
> *L'elemento del fuoco è abbastanza spento;*
> *Il sole è perso, e così la terra,*
> *e l'intelligenza di nessuno*
> *può dirigerlo bene verso dove cercarlo.*
> *E liberamente gli uomini confessano che questo mondo è spento,*
> *Quando nei pianeti, e nel firmamento.*
> *ve ne sono così tanti; e nuovi ...*
> *Tutto cade a pezzi, tutta la coerenza è andata ...*

"È tutto a pezzi, tutta la coerenza è sparita", scriveva quindi Donne. Mischiando scienza con poesia.

Parte del suo compito di poeta era stato, secondo lui, fino ad allora, di integrare le informazioni sulla natura con le sue credenze e le sue emozioni.

È difficile quindi immaginare un cambiamento concettuale più profondo di quello sperimentato durante il primo secolo della scienza moderna.

La rivoluzione copernicana significava che le persone non potevano più fidarsi dei propri sensi. L'esperienza di osservare il girotondo solare attorno alla Terra, come si potrebbe continuare a testimoniare ogni giorno, non era più la verità. Quale può quindi essere il valore dei sensi, dell'esperienza, dopo aver appreso che la verità, per essere vera, richiede prove, misurazioni e verifiche collettive?

Questa forzatura del nostro senso fondamentale (la vista) verso l'accettare teorie che ne sono in contrasto, non è per noi, oggi un problema. Ma la scienza (insieme alla sua testarda figlia: la proliferante tecnologia) non ha rallentato nel presentare agli artisti nuove realtà destabilizzanti e sconcertanti.

Mentre corriamo dentro il secondo millennio, i vertiginosi cambiamenti, nel caos di teorie quantistiche e genomiche; della neuro-fisica del cervello; delle bIoTecnologie della riproduzione; della ricerca della Teoria del Tutto (sono solo esempi), che possono mandare anche lo scienziato dilettante in uno stato di vertigini permanenti; possono sicuramente far brancolare, a maggior ragione, il poeta.

Infatti la visione, da entrambi i lati, della frattura disciplinare, sembra stia nel fatto che la poesia e la scienza siano fondamentalmente discipline opposte; se non addirittura ostili l'una all'altra. Gli scienziati sono seri ricercatori; i poeti sono festaioli che giocano con sensazioni ed emozioni.

SCIENZA E POESIA SONO COME TESTA E CUORE NEL CORPO UMANO? O SONO DISCIPLINE OPPOSTE?

E anche a voler essere più seri: non è vero forse che gli scienziati cercano una teoria chiara, verificabile ed elegante; mentre i poeti (soprattutto i contemporanei) creano oggetti che appaiono sempre meno come modelli ben lavorati (ricordate i sonetti? Le rime baciate? Quelle sì che erano "ben lavorate"!). Mentre i prodotti dei poeti sono quindi sempre più simili alle nebbie.

La visione popolare, in verità, li demonizza entrambi: gli scienziati sono i dissidenti dal cuore freddo, di tutto ciò che è; il poeta è il folle erede di strane forze pagane, non sempre comprensibili. Ma possibile che non ci sia qualcosa che li unisca? Non sono quindi fatti, scienziati e poeti, per incarnare la divisione mitica nella civiltà occidentale tra la testa e il cuore?

Per molti no. Posso ancora ricordare il mio insegnante di fisica, in piedi alla lavagna, che spiegava la scienza quasi come fosse un incrocio su un'autostrada. Ciò che poteva essere testato e misurato prendeva la strada della scienza; l'ignoto prendeva l'altra.

Ma come potrebbero le grandi domande poste sulla natura dell'esistenza essere state separate in soggetti, professioni, vocaboli, che avevano poco da dirsi l'un l'altro? Non erano tutti, non era tutta la conoscenza e l'ignoranza, uniti dal semplice desiderio di conoscere il mondo fisico?

Possono mai queste due visioni essere separate? Possono mai unirsi?

E gli agganci, a guardar bene, ci sono. La scienza è diventata, oggi, non più la sede dei fatti, ma il luogo in cui sono state poste le domande più interessanti sui fatti. Non importa quanto il rigore della scienza richieda l'Obiettività: ci sarà sempre la curiosità e lo sconcerto di un essere umano che si stupisce per i dati che raccoglie; e questo è poesia. E si comprende quindi l'affermazione di Heisenberg: "anche nella scienza, l'oggetto della ricerca non è più la natura stessa, ma l'indagine dell'uomo sulla natura".

E si noti, poi, come il significato mitologico della scienza continui ad attirare le persone; ma non semplicemente con fatti emozionanti e scientifici, come "Il Big Bang", "l'Entanglement Quantistico" o "La Giungla Neurale"; ma con anche aspetti poetici, che la scienza instilla assieme alla ambiguità e alle incertezze di cui è permeata. Nessuno può non riuscire a percepire, infatti, come gli eventi scientifici attuali svolgano un ruolo di primo piano nella nostra cultura, sia che comprendiamo gli eventi o meno. L'incredibile capacità di resistenza di "Star Trek" e "Star Wars", in tutte le loro combinazioni e permutazioni di sottocultura, lo attestano. E quelle che ho citato sono opere di fantasia, di arte.

LO SCETTICISMO VERSO LA SCIENZA: l'INCERTEZZA DELLO SCIENZIATO SCAMBIATA PER INCAPACITA'; INVECE E' POESIA.

Ma eventi scientifici reali: ricerche, per esempio, fatte con il telescopio spaziale Hubble, il progetto di mappatura del genoma, l'ingegneria biogenetica o l'estinzione di specie; incontrano come contrapposizione, spesso, scetticismo e anche ostilità. Vi siete accorti come oggi meno persone di anni fa credano, ad esempio, negli avvertimenti degli scienziati sul riscaldamento globale e sulla perdita della diversità, e sull'efficacia dei vaccini? Il loro scetticismo deriva anche dal fatto che, in modo fuorviante, il processo della scienza non viene ben comunicato dai media. Ciò che viene comunicata è l'incertezza, che è una fase necessaria per risolvere problemi complessi, e che non è assolutamente sinonimo di ignoranza scientifica.

E vi siete accorti, infatti, come la competenza stessa dello scienziato venga messa in discussione quando uno scienziato, dicendo la verità, afferma, magari in risposta alla sollecitazione di un giornalista, "Beh, non conosciamo la risposta a questa domanda"? Ciò che le persone non riescono ad apprezzare è che gli scienziati, nella loro instancabile attrazione verso l'ignoto, amano ciò che non sanno: è la poesia dell'ignoranza. Perché è questo che guida e motiva il loro lavoro; li tiene svegli fino a tarda notte; e rende quel lavoro poetico. Come ha scritto il poeta, premio Nobel, Czeslaw Milosz, "l'incessante forzo della mente di abbracciare il mondo nell'infinita varietà delle sue forme con l'aiuto della scienza o dell'arte è, come la ricerca di ogni oggetto del desiderio, erotico."

ENTRAMBE: SCIENZA E POESIA NON USANO IL LINGUAGGIO "NORMALE"

Oltre alla ricerca, della scienza, anche il suo linguaggio attrae; la affascinante particolarità e musicalità del suo vocabolario, ad esempio, Non sono emozionanti e piene di mistero parole come "emolinfa", "zeolite", "crittogamma", "sclera", "xenotransplant" e "endolitico"?

E poi la ricerca di modelli significativi all'interno di casualità e complessità, e le amicizie e rivalità professionali tra scienziati, l'ineguagliabile gioia di fare una scoperta, la necessità di metafora e narrativa nel comunicare una teoria, e le applicazioni e le ramificazioni etiche delle proprie scoperte. Non sono fatti "poetici"?

C'è molto da guadagnare quando gli scienziati fanno irruzione nelle tecniche evocative della letteratura e quando i poeti, al contrario, fanno irruzione nella lingua e nella mitologia degli scienziati. La sfida per un poeta è di conoscere abbastanza scienza, in modo tale che il suo vocabolario diventi parte del tessuto poetico: in modo che nel processo di composizione, una metafora o un paradigma di dominio della scienza possa emergere come letteratura.

Inoltre, avete notato come, sia la scienza che la poesia, quando sono praticate con integrità, usino il linguaggio in una maniera fondamentalmente diversa da quella "normale"? Entrambe le discipline sembra che condividano il tentativo di trovare una lingua per l'ignoto, di sviluppare una sintassi ordinata per rappresentare con precisione alcuni aspetti del mondo attentamente visti.

ENTRAMBE LE DISCIPLINE UTILIZZANO LA LINGUA IN UN MODO PIÙ DISTINTO RISPETTO ALLA CONVERSAZIONE NORMALE.

Entrambe, al loro meglio, usano la metafora e la narrativa per creare connessioni inaspettate. E, come sottolinea l'immunologo e poeta ceco Miroslav Holub, "per le scienze, le parole sono uno strumento ausiliario". La scienza - nella tradizione della sua letteratura professionale - usa il linguaggio per la verifica, e conta sulle parole per avere un significato così specifico affinché esse non siano colorate da sentimenti e pregiudizi.

La scienza usa il linguaggio come se fosse un'altra forma di misurazione: esatta, definitiva e logica.

La poesia, invece, usa il linguaggio stesso come oggetto: le poesie sono fatte con parole e idee; e contano sull'imprecisione delle parole per creare significati e risonanze accidentali. L'ignoto, per la poesia, è nella lingua. Ogni poema è un esperimento per vedere se la lingua può trasmettere un senso formidabile dello sciame di energia che ronza nella mente.

L'eleganza e l'integrità di una teoria scientifica ha a che fare con l'esclusione di fattori soggettivi ed emotivi. L'eleganza e l'integrità di un poema sono create, invece, in gran parte, dal suo tono, dal termine letterario usato per descrivere la tonalità emotiva di un poema trasmesso dallo stile dell'autore.

Ma c'è un'antitesi importante in questo uso del linguaggio. Lo scopo della comunicazione scientifica è presentare i risultati al lettore, preferibilmente risultati che potrebbero essere ottenuti da un altro ricercatore seguendo le stesse procedure. Lo scopo della poesia è invece di produrre un'esperienza soggettiva, che non potrebbe essere ottenuta attraverso altri mezzi, se non con la disposizione unica degli elementi che compongono il poema: le parole.

LA POESIA DELLE SCOPERTE INATTESE

Comunque, mentre le due discipline utilizzano la lingua in modi diversi, sono invece affini nel loro processo creativo; soprattutto se la scoperta scientifica è casuale: la poesia che c'è in una scoperta inaspettata, è immane!

Il prof. W.I.B. Beveridge, studioso britannico di patologia degli animali, ha scritto diversi libri sulle procedure mentali che portano a nuove idee; sia nella scienza, nell'arte o in qualsiasi altra impresa immaginativa. "La maggior parte delle scoperte che aprono nuovi orizzonti", afferma, "sono per loro stessa natura imprevedibili". Molti processi non sono puramente razionali, ma dipendono dal caso, dall'intuizione e dall'immaginazione.

Egli analizza la parte che il caso gioca nella ricerca scientifica, delineando tre diversi tipi di scoperte e le definisce in tre modi: 1 - l'intuizione dalla giustapposizione casuale delle idee, che è un processo interamente mentale; 2 - l' intuizione "eureka", che deriva dall'interazione dell'attività mentale con il mondo esterno; e 3 - la "serendipità" (poi spiego cosa è, se non lo sapete).

L'intuizione casuale collega idee o informazioni apparentemente non connesse per formare una nuova relazione significativa. È come quei libri per bambini con le pagine divise a metà. Combini il tronco di un boscaiolo con le gambe di una ballerina e – all'improvviso - nasce una chimera.

L'intuizione di Eureka è rappresentata al meglio da due esempi classici. Durante la visita ai bagni, Archimede ha improvvisamente scoperto un principio fisico significativo che gli avrebbe permesso di misurare il volume di un oggetto in base alla quantità di acqua che ha spostato. Come sappiamo balzò fuori dal bagno e, tornando a casa nudo, gridò a voce alta che aveva trovato esattamente ciò che stava cercando. Mentre correva, gridava in greco: "eureka, eureka!".

Il secondo esempio classico è quello di Isaac Newton che osservò una mela cadere da un albero e vide nel suo movimento la stessa forza che governa l'attrazione della luna sulla terra. Le intuizioni Eureka si verificano, spiega Beveridge, quando uno "cerca stimoli casuali al di fuori del problema".

Con la Serendipità, invece, si trova qualcosa che non si era cercato: un evento insolito, una coincidenza curiosa, un risultato inaspettato per un esperimento. Il termine fu coniato da Horace

Walpole nel 1754 sul tema di un'antica fiaba che raccontava dei tre principi di Serendip. "Facevano sempre scoperte, per caso e sagacia, di cose di cui non erano alla ricerca". Esempi di serendipità sono Colombo, che trova il Nuovo Mondo quando cercava l'Oriente, e Fleming che scopre la penicillina quando la muffa gli cresce accidentalmente sulle sue piastre di coltura di stafilococco.

Penso alla poesia come mezzo per studiare la natura, come fa la scienza. Non solo molti poeti trovano il loro oggetto e la loro ispirazione nel mondo naturale. Ma il modo di agire di un poema è di per sé uno studio della natura selvaggia; poiché l'arte è la materializzazione di vita interiore correlata all'esterno; il territorio veramente selvaggio che l'evoluzione ci ha dato di esplorare. La poesia è un mezzo per creare ordine e forma in un campo unificato solo dal caos; è un atto di resistenza contro la seconda legge della termodinamica che dice, essenzialmente, che tutto nell'universo si sta esaurendo.

Per molte persone una divisione separa le discipline di scienza e di poesia. Per molti una non può entrare nel territorio dell'altra. La divisione è reale come una spaccatura che segna il confine che separa le nazioni. Ma un confine è sia una zona di esclusione che una zona di contatto, in cui possiamo scambiare alcuni aspetti della nostra differenza e, come le tribù vicine che si scambiano conchiglie, ottenere qualcosa che a noi mancava.

I PERICOLI DELLA SPECIALIZZAZIONE

Un pericolo per il nostro benessere collettivo è che il linguaggio continua a diventare sempre più specializzato nelle discipline professionali, nella misura in cui diventiamo sempre meno capaci di capirci l'un l'altro attraverso le molte divisioni psicologiche e sociali. E il pubblico "ignorante" diventa sempre meno disposto a provare a capire cosa dicono gli esperti. Anzi, lo contrasta.

Scrivendo le lezioni di Lowell ad Harvard nel 1925, Alfred North Whitehead prevedeva i pericoli della specializzazione. Nel suo lavoro sui fondamenti metafisici della scienza e del mondo moderno, il matematico avvertiva che, con l'aumento delle affinità scientifiche e tecnologiche, le funzioni specializzate delle varie comunità verranno eseguite sempre meglio, ma la direzione mancherà di visione".

Analizziamo per un attimo questa visione scientifico-poetica: non è vero che stiamo arrivando a sospettare che il futuro dell'umanità sia in disaccordo con il benessere dell'intero pianeta? (Riscaldamento globale contro riscaldamento delle case e comodo autotrasporto, ad esempio).

Non essendo consapevoli che la nostra Terra comprende un enorme ecosistema al di fuori degli esseri umani. "Se le tendenze attuali continuano", ha scritto Beveridge nel 1980, "solo circa l'1% della superficie terrestre rimarrà nel suo stato naturale all'inizio del prossimo secolo e una grande percentuale delle specie animali sarà destinata all'estinzione (ricordo che è uno specialista di patologie animali)".

La civiltà sta accelerando il processo di evoluzione degli umani così ferocemente che le specie che contavano sull'evoluzione dei loro geni per sopravvivere, continueranno invece a perdere terreno; fino all'estinzione.

Sia per la scienza che per la poesia, le sfide, quindi, consistono (o dovrebbero consistere) nell'assumere la complessità delle domande più interessanti (formali, tecniche, teoriche e morali) all'interno dei nostri campi senza perdere la connessione con persone al di fuori di questi nostri campi.

L'idea della poesia con cui io sono cresciuto era come una fuga dal peso della comunità verso l'individualità estrema, un ultimo baluardo di individualismo aspro. (Il poeta scrive per se stesso!).

Ma, storicamente, la voce della poesia non è sempre stata interpretata come la voce più accentuata dell'individualismo. Tra le forme originali dell'umanità, l'arte era unificata con la preghiera e la scienza della guarigione. Poesie e canzoni erano manifestazioni di una voce collettiva, di incantesimi e visioni, di spiriti che tornavano dai morti. Tale poesia trascendeva l'individualismo, piuttosto che celebrarlo. Potremmo aver guadagnato molto in termini di raffinatezza tecnica e artistica attraverso le nostre discipline specializzate, ma: abbiamo perso la convinzione che possiamo parlare un linguaggio comune o cantare una canzone assieme?

MA PER CHI SCRIVE IL POETA? PER CHI RICERCA LO SCIENZIATO?

Se la poesia di oggi ha bisogno di qualcosa, ha bisogno forse di allontanarsi dalla sua soggettività insulare. Un poema deve raggiungere il completamento nel trovare un pubblico; e la sfida di oggi è quella di raggiungere un pubblico non composto esclusivamente da membri della propria tribù. Dobbiamo scrivere oltre i confini della differenza.

È una delle domande più frequenti poste ai poeti: per chi scrivi? E le risposte vanno dalla scrittura per i posteri alla scrittura per (o contro) i suoi predecessori letterari.

Io, se fossi un poeta (ho scritto in gioventù poesie, ma non mi considero tale) vorrei scrivere con un senso inclusivo di pubblico in mente, sperando di superare i confini che separano le persone le une dalle altre. Mi piacerebbe scrivere un poema che altri poeti apprezzassero per la sua ingenuità formale e che gli scienziati apprezzassero per la sua precisione nel frequentare il mondo fenomenico.

Il grande osservatore di biologia, Lewis Thomas, una volta ha sollevato la sfida:

"Vorrei che i poeti fossero in grado di dare risposte dirette a domande dirette, ma è come chiedere agli astrofisici di fare i loro calcoli sulle loro dita. Quello che vorrei sapere è: come dovrei sentirmi sulla terra, in questi giorni? Dove è finita tutta la vecchia natura? Che ne è stato della massa selvaggia, contorcente, inavvicinabile della vita del mondo, e cosa è successo alla nostra eccitazione di panico a riguardo?"

E se la scienza oggi ha bisogno di qualcosa, ha bisogno di uscire dalla sua obiettività insulare, dalla sua pretesa di trattare solo con fatti, e non con implicazioni etiche o motivazioni del libero mercato. Ciò che la scienza crea non è solo un fatto, ma una metafisica: ci dice ciò in cui crediamo sulla natura della nostra esistenza, e promuove relazioni sempre nuove con l'ignoto, solleticando così le acque più profonde della nostra soggettività.

I critici della scienza sbagliano nel dire che, a causa delle sue esigenze di oggettività, rigore e analisi, la scienza ci ha derubato di meraviglia e riverenza. I metodi possono a volte attenuarsi, le implicazioni scientifiche possono essere moralmente inquietanti, la tecnologia terrificante, ma da nessuna parte si possono trovare più fonti di rinnovamento che nelle meraviglie del mondo materiale, siano esse stellari o cellulari. Come diceva Karl Popper: "Ma riuscirà la Poesia a starle dietro?"

Il problema è la velocità con cui la conoscenza scientifica sta crescendo e la distanza crescente tra coloro che hanno una comprensione di questa espansione e coloro che non hanno la minima idea del suo significato. Durante gli ultimi 300 anni, EO Wilson e Charles Lumsden sottolineano che la scienza ha subito una crescita esponenziale, vale a dire che più grande è la sua dimensione, più velocemente cresce. Nel 1665 c'era una sola rivista scientifica, la *Philosophical Transactions della Royal Society of London*; ora ce ne sono 100.000. Nel 17° secolo c'erano una manciata di scienziati nel mondo; ora ce ne sono 300.000 solo negli Stati Uniti; e la conoscenza scientifica "raddoppia" ogni 10 anni.

"LA SEQUENZA" E' FORSE LA CHIAVE MAGICA PER "IL TUTTO"

La "sequenza" è usata sia come forma poetica che scientifica, poiché la parola è usata, ad esempio, per descrivere il ciclo di vita di una stella e la disposizione dei geni all'interno dei cromosomi.

La sequenza poetica, da parte sua, come forma contemporanea, mira a una sorta di connessione frammentata in una lunga serie omogenea di poesie o una combinazione di linee poetiche e prosa; forse esemplifica l'idea che all'interno del caos ci sia una propensione intrinseca all'ordine (bell'esempio l'entropia)?

E mentre la natura del mondo rimarrà sempre evanescente per la poesia e per la scienza, non importa cosa facciamo per studiarla; troveremo sempre nuovi strumenti, come microscopi elettronici e letteratura, con cui misurare l'invisibile. E forme poetiche per descriverla.

Non è escluso che i poeti siano, (sicuramente desiderano di poterlo essere) come ha scritto Robert Kelly, "gli ultimi scienziati del Tutto".

8. NATURA UMANA E FILOSOFIA ANTROPO-DIGITALE: NOI SIAMO SOLO MENTE. CORPO, SESSO, ETNIA, SONO SOLO "RUMORI DI FONDO"

"Non c'è nulla interamente in nostro potere, se non i nostri pensieri".
(Cartesio)

Con il termine FILOSOFIA ANTROPO-DIGITALE intendo includere la vasta gamma di sub-culture che si sono sviluppate intorno al computer, oggigiorno. Essa include ricercatori in settori "tradizionali", come l'intelligenza artificiale e la cibernetica; e vi sono inclusi i teorici della cultura del computer, come Sherry Turkle e Mark poster, gli hacker, ma anche i divulgatori, che vendono sogni e utopie tecnologiche; gli scrittori di fantascienza come William Gibson e Bruce Sterling; futuristi, come Alvin Toffler e Kevin Kelly; riviste come Wired.

***

Ognuno di essi considera il computer e il cyberspazio, nel futuro (e anche nel presente), non solo centrali alla natura umana; ma addirittura fusi con essa: per molti di costoro "saranno la natura umana".

Vi fornisco una panoramica di questo pensiero, per alcuni lati inquietante; ma sicuramente affascinante. E, magari, vero.

Che i computer siano oggi profondamente implicati nei nostri pensieri, oltre che nel vivere di tutti i giorni, è chiaro. Meno chiaro è come i computer possano avere un ruolo determinante nella concezione contemporanea e futura della natura umana.

David Bolter, accademico USA, insegnante di cultura dei media, sostiene che il computer sia una tecnologia che definisce un paradigma per la comprensione della cultura, e delle nostre esperienze sulla natura che ci circonda. In pratica: una tecnologia che definisce o ridefinisce il ruolo dell'uomo in relazione alla natura. Partendo dalla promessa (o minaccia), egli dice, di poter sostituire l'uomo, il computer ci sta dando invece una nuova definizione, per assimilazione, di uomo: come un 'elaboratore di dati,' e, della natura, come 'informazioni da elaborato '.

Come un dispositivo meccanico che è apparentemente in grado di pensare, il computer infatti sfida assunti di base su ciò che significa essere umani. Il computer solleva domande, e fornisce risposte, su dove ci troviamo in natura e dove ci troviamo nel mondo dei manufatti prodotti dall'uomo. Noi stessi, sempre, abbiamo cercato legami tra ciò che siamo e ciò che abbiamo fatto (es. il nostro cv), tra ciò che siamo e ciò che potremmo creare (es. i nostri progetti) , tra ciò che siamo e ciò che, attraverso la nostra intimità con le nostre creazioni, potremmo diventare (le nostre prospettive di carriera, di vita). Il computer, e i servizi di rete, fanno questo per noi, quotidianamente. Che noi siamo volenti o nolenti.

Il socio-tecnologo Langdon Winner sostiene addirittura che le scelte che facciamo sulla tecnologia informatica coinvolgono intimamente domande su "chi siamo". "Il futuro del computer è il futuro delle relazioni umane; anzi, il computer e l'essere umano in sé, sono oggi accuratamente intrecciati.

Al di là di semplicemente influenzare, come dovremmo pensare, la natura umana, la linea che separa gli esseri umani dai computer è diventata quindi sempre più sfocata. Siamo sempre più circondati da computer e apparati a microprocessori che si occupano di molti aspetti dei rituali quotidiani della vita (telefoni, navigatori, sistemi domestici e musicali). Anche nel discorso ordinario siamo abituati a fare riferimento al mondo digitale, al modo in cui abbiamo bisogno, ad esempio, di "riprogrammare noi stessi". La crescente integrazione del computer nella nostra vita ha portato molti a sostenere che i confini che separano gli esseri umani dalle macchine andranno quindi scomparendo. Mark Poster (accademico californiano esperto di media e comunicazione) suggerisce addirittura che una "fusione simbIoTica" tra uomo e macchina potrebbe letteralmente essere in corso, una fusione che minaccia la stabilità del nostro senso del confine del corpo umano nel mondo. Ciò che può accadere è che gli esseri umani creeranno computer e poi i computer creeranno una nuova specie di esseri umani.

E'chiaro, quindi, come il computer sia profondamente implicato nel nostro pensiero sulla natura umana.

NOI SIAMO LA NOSTRA MENTE

La cosa importante, però, è che questi temi suggeriscono, come vedremo poi, che la visione della natura umana nella cultura digitale rappresenti essenzialmente un punto di vista tradizionale cartesiano, a lungo rifiutato da filosofi e criticato dagli antropologi: cioè NOI SIAMO LA NOSTRA MENTE, e basta! Nella cultura digitale, la nostra caratteristica essenziale è infatti la mente. Il nostro corpo, il nostro sesso, razza, età ed etnia sono inessenziali alla definizione di chi siamo veramente nel cyberspazio. Chi siamo può essere cambiato facilmente con la semplice riscrittura di poche righe di testo.

Noi siamo la nostra mente. Nel cyberspazio noi esistiamo in uno stato puramente disincarnato; siamo informazioni, modelli di parole e idee. Come osserva John Perry Barlow (artista e difensore delle "libertà digitali"), nel mondo silenzioso del cyberspazio , tutte le conversazioni vengono digitate, non parlate. Per accedervi, si abbandona il corpo; e il luogo diventa un luogo di sole parole. Barlow descrive il cyberspazio come la nuova sede della mente, un luogo in cui la stanca carne non viene accolta.

Elizabeth Reid (attivista per i diritti femminili) afferma che nel mondo della conversazione mediata dal computer (CMC) il corpo diventa una entità di poco significato; liberato dall'entità fisica, entra completamente nel regno del simbolo, senza i limiti dei mezzi fisici. Howard Rheingold (sociologo specializzato nei nuovi media) sostiene che nel cyberspazio le persone sono trattate come pensatori e "trasmettitori di idee".

Questo futuro digitale dell'umanità è la visione centrale di Hans Moravec , esperto di Intelligenza artificiale. Moravec immagina un futuro in cui sia possibile liberare la mente dal suo substrato biologico, e trapiantato, strato per strato, in un computer. Moravec suggerisce che l'identità di una persona potrebbe essere conservata in tale processo; poiché l'essenza di una persona, la sua auto-identità, sono modelli di processi che possono essere salvati.

QUINDI IL CORPO È OBSOLETO, E' RUMORE DI FONDO.

In questo avanzato concetto di cultura digitale, il corpo è obsoleto, limitato, e deve essere trasceso. Il corpo è semplice rumore di fondo dell'essenza umana. Sempre secondo Sherry Turkle (socio-tecnologa al MIT) il corpo è pensato per essere una fonte di fallimento, disgusto, limitazione che deve essere superata per diventare pura mente.

"Neuromante", il libro capolavoro di William Gibson, edito nel 1984, si dice abbia anticipato il XXI secolo; in esso i cowboy del cyberspazio vivono con esultanza incorporea. Ciò perchè il corpo, pensato essere mera carne, è tenuto in disprezzo perchè interferisce con la capacità di rimanere liberi nel cyberspazio per lunghi periodi di tempo. Il corpo è considerato una prigione cui si può sfuggire solo quando la coscienza disincarnata vaga per le regioni eteree dello spazio elettronico: la perfezione umana può essere trovata solo nel guadagnare la libertà dal corpo. E non è possibile, a questo punto, non citare le opere figurative dell'artista Stelarc; che cercano di estendere le capacità del corpo umano; egli dice, "E 'il momento di chiedersi se un corpo bipede, con respirazione a ossigeno, con visione binoculare e un centro di controllo (il cervello) della capacità di 1.400 cc, sia una forma biologica adeguata. Non si può far fronte, con esso, in maniera adeguata, alla quantità, complessità, e qualità delle informazioni che oggi sono da accumulare e che l'Uomo ha già accumulato". Stelarc immagina un futuro in cui la tecnologia "invade" il corpo, dandoci la libertà di trascendere i limiti del nostro DNA.

VENGONO ABOLITE DIFFERENZE SOCIALI E FISICHE

Il concetto di *"vive la difference"*, è quindi eliminato. In questo futuro mondo del cyberspazio, dove la vita è digitale e siamo tutti solo informazioni; il sesso (ma anche la razza e le etnie) sono inessenziali. L'Informazione è libera dal genere; non ha razza, e non viene distribuita con un accento che faccia capire se sei del sud o del nord. Le discussioni intraprese su Internet rafforzano la convinzione che ciò che conta è la mente, le idee, le parole, non è la persona a cui appartengono.

Il neuroscienziato di Cambridge, John Coates si esprime così: "Il grande fattore di equalizzazione e di uguaglianza è dato dal fatto che in Internet nessuno può apparire on-line in modo che possano essere sicuramente accertati età, razza, carnagione, il colore dei capelli, la forma del corpo, il tono vocale, o una qualsiasi altra caratteristica fisica". *Ciò che conta sono le idee.* E va avanti nel concetto, affermando che "nel cyberspazio, età, razza, sesso, rappresentano solo un "rumore" che interrompe il flusso delle informazioni pure. Un rumore di fondo che disturba. Per entrare veramente nel cyberspazio dobbiamo abbandonare le nostre specificità nella ricerca di una pura comunione di menti. La tecnologia di Internet è una tecnologia che ci permette di ignorare le differenze e concentrarsi sulle idee; tutti noi possiamo farlo".

DIVENTIAMO PIU' FLESSIBILI, PIU' MALLEABILI

La malleabilità già intrinseca della natura umana e del "sé" umano può, col digitale, essere portata all'estremo. Nella famosa filosofia degli *Estropici, l'Estropianesimo,* coniata nel 1998 da T.O. Morrow, siamo nell'età in cui finalmente si può fare tutto. Secondo il futurologo Max More, improvvisamente la tecnologia ci ha dato poteri con i quali siamo in grado di manipolare non solo la realtà esterna, il mondo fisico; ma anche noi stessi. Possiamo diventare qualsiasi cosa vogliamo essere. All'interno della cultura informatica, l'essere umano diventa un plug and play di varie possibili entità; composto di varie parti che possono essere aggiornate con un semplice click di un mouse o l'inserimento di una nuova linea di codice. Eric Gullichsen, esperto di cyberpazio, vede in ciò la promessa finale della realtà virtuale. Egli scrive: "Potremo condurre la nostra vita e i nostri affari nel cyberspazio; con le nostre idee non più condizionate da un corpo unico e immutabile. Il corpo potrà essere flessibile, malleabile. Troveremo che alcuni organi funzionano meglio in alcune situazioni, mentre altri funzionano meglio in altre; a nostro piacimento. Questa capacità di cambiare radicalmente e in modo convincente il proprio corpo-immagine è destinata ad avere un effetto psicologico profondo, chiamando in causa solo ciò che noi desideriamo essere; e nient'altro " (cit. in Rheingold, Realtà virtuale). Gullichsen immagina addirittura un futuro in cui la nostra ricerca di nuove identità diventerà parte integrante della nostra vita.

LA RETE DIVENTA LA NOSTRA CASA, POTREMO DI NUOVO GOVERNARE IL MONDO

La Rete diventa la nostra casa. La cultura digitale crea per l'essere umano un senso di casa, un cosmo in cui sperimentare e magari controllare la vita. Il computer ci offre un mondo di ordine e di logica; infatti il computer costruisce per noi un mondo che ha a che fare solo con la ragione. Il computer è un meccanismo formale che funziona secondo i principi della logica e crea un mondo i cui elementi costitutivi sono gli algoritmi logici dei programmi. Turkle, la socio-tecnologa, sostiene che al cuore della cultura informatica è l'idea di costruzione di mondi governati da regole; micro-mondi che sono completamente decifrabili in termini di programmi. Dove il mondo reale è caotico e difficile da comprendere, il computer ci offre invece l'immagine di un mondo di ordine, con logica, con ragione e con trasparenza. Mentre abbiamo perso, spesso, in questo mondo reale, la nostra bussola, il computer ci offre un sostituto pronto: le incontaminate e ordinate file del diagramma di flusso, che diventa la nuova immagine di una natura ordinata e calcolabile. Diagrammi di flusso, programmi e microchip faranno parte della nuova cosmologia. Per i senzatetto di questo mondo, reale, fragile, le immagini del web che attraversa il globo, di Internet che circonda il mondo, saranno confortanti sul piano metafisico. Ci assicureranno che, anche noi, possiamo, ancora una volta, dominare il mondo e tenerlo nelle nostre mani.

SIMIL-PENSIERO DEL 17mo SECOLO

Questi temi ricorrenti in questa nuova filosofia del digitale, rivelano che l'immagine dominante della natura umana nel 21 ° secolo è molto simile all'immagine della natura umana del 17 ° secolo. Nella sua valorizzazione della mente sul corpo, nelle sue aspirazioni per uno stato trascendente della mente pura, liberata dalla prigione della carne; la sua denigrazione di sesso, razza cd etnia come proprietà accidentali, e il suo desiderio di una natura incontaminata, con un universo ordinato matematicamente; questa visione della natura umana ha una somiglianza impressionante con la natura umana nel pensiero tradizionale cartesiano e cristiano. Ironia della sorte, mentre la maggior parte dei movimenti filosofici di questo secolo sono stati dedicati a sradicare le vestigia del pensiero cartesiano, ciò che troviamo nel cuore della cultura informatica è una forma contemporanea di cartesianesimo.

I LIMITI DI QUESTA VISIONE DELLA NATURA UMANA SONO TUTTAVIA OVVI.

Non credo che la visione della natura umana si trovi completamente nella cultura del computer; che suggerisce che i nostri corpi, il nostro genere, la nostra razza, e innumerevoli altri fattori siano irrilevanti. In questa teoria si concepisce il corpo come prigioniero, come una limitazione, influenzato dalla malattia e dal fallimento. In questa cultura si sottolinea la nostra natura razionale, ignorando però molto di quello che abbiamo come esseri umani oltre alla mente. Il significato della nostra costituzione biologica, il fatto importante dato dal nostro ambiente sociale e culturale, sono aspetti della natura umana oscurati in questa cultura del computer. Mentre riflettiamo sul tema della filosofia, che è anche quello di educare l'umanità, credo dobbiamo convincerci che i filosofi abbiano la responsabilità di concentrare la loro attenzione e le loro capacità critiche sulla questione della natura umana odierna; in toto.

Devo quindi dire che, nel vuoto apparente lasciato dal loro rifiuto di prendere in considerazione questo problema, la tecnologia ha filosoficamente screditato la natura umana totale, a favore di quella semplicemente digitale.

Un rinnovamento di antropologia filosofica e le questioni antropologiche connesse, sono probabilmente oggi necessarie.

Una nuova riflessione su : "Che cosa sono io, che sono un essere umano?" e "Qual è il mio posto nella natura delle cose?". Questa è oggi, all'inizio del nuovo millennio, sicuramente digitale, una riflessione più necessaria che mai.

Concludo con le belle parole di una canzone di Antonacci:

Non bastano le parole
Quelle volano
Ci vogliono i sorrisi e ci vogliono gli abbracci
Ci vogliono i gesti e ci vuole la complicità

E poi ci vuole la presenza
Ci vuole tutto quello che non vola
Ci vuole tutto quello che resta di noi

Sperando che i neo-filosofi siano d'accordo…

9. LA MORTE È UN "ORDINE" DIGITALE

La vecchiaia e la morte sono obbligatori solo negli organismi costituiti da più cellule.

***

Non vale il concetto esattamente per gli organismi unicellulari: essi sono per lo più immortali. Un batterio si riproduce per scissione; generando due, quattro, otto…miliardi di organismi. Tutti geneticamente identici e indistinguibili l'uno dall'altro. Loro possono dire di essere immortali.

Quando abbiamo smesso di essere unicellulari abbiamo guadagnato la coscienza, il pensiero, la sessualità, l'amore, la gioia, l'arte, la paura, la speranza. E la possibilità di avere figli, che sono esseri diversi da noi; magari migliori, ma diversi.

Ma abbiamo guadagnato la morte. In pratica, la morte è il prezzo che abbiamo pagato per dire "io sono". E la paura della morte è lo scotto che abbiamo pagato per dire:" io sono perché penso". La cosa curiosa è che la paura della morte è sempre molto forte anche nelle persone che non hanno alcun dubbio sul "dopo".

LA PAURA DELLA MORTE CI MANTIENE IN VITA

La paura della morte, quando è paura del pericolo, ci è stata messa dentro dalle regole per l'evoluzione; ed è fatta per salvarci la vita. Senza di essa la stragrande maggioranza di noi non arriverebbe all'età adulta, e ci saremmo probabilmente estinti.

Ma la paura della morte, non è solo paura del pericolo: è una conseguenza della nostra capacità di pensiero astratto. Abbiamo paura non tanto del possibile dolore della morte; ma del "finire", del cessare di essere "io".

E mi fanno ridere quelli che pensano che la metempsicosi dia sollievo alla paura della morte: non lo può dare, perché non mi interessa di rinascere farfalla o coccodrillo: eventualmente io voglio poter rinascere essendo "io". Con tutti i miei ricordi, le mie qualità e i miei difetti. Possibilmente con tutto quello che ho imparato dalla vita, comprese gioie e dolori. Se dovessi rinascere con un cervello pulito da ricordi ed emozioni, come quello di un bambino, non sarei "io".

PAURA E SENSO DI COLPA

E la paura per la morte dei propri cari? Ovviamente non è solo paura, ma c'è anche tanto dolore. E una delle componenti che accompagna il dolore per una perdita, è il senso di colpa. Il "senso di colpa del sopravvissuto", che è stato ben messo a fuoco ascoltando la disperazione dei reduci dei campi di concentramento. E' presente e costante in tutti i sopravvissuti di tutte le catastrofi, e spesso è il principale ostacolo alla ripresa di una vita normale. Se amo una persona, sento come un dovere impedire che muoia. Dal punto di vista antropologico dell'evoluzione è una ulteriore protezione.

Colpa e senso di colpa non sono ovviamente sinonimi: posso provare un atroce senso di colpa, anche se non sono colpevole. Tanto più forte è il mio senso di responsabilità, tanto più forte sarà l'impulso a combattere per salvare quelli che mi sono vicini, tanto sentirò il senso di colpa se sarò sconfitto.

Il senso di colpa, come tutte le emozioni negative: la paura, la rabbia, il rancore, il dolore per la morte di coloro che amiamo, ha il compito di preservare la vita. Un gruppo, una famiglia, una società, dove tutti hanno l'impulso di battersi per la salvezza di altri, ha un basso tasso di mortalità. Ma, ovviamente, non parlo solo di morte fisica. Ma anche di morte sociale; e, per quanto riguarda questo tipo di "morte", è fondamentale capire non solo quale sia "il bene altrui", ma anche capire chi siano gli "altrui", partendo dal presupposto che non possono essere, realisticamente, tutta l'umanità. Infatti, se, per assurdo, si pensasse che questi "altrui" siano tutti (tutta l'umanità) allora ci si dovrebbe chiedere se il vero bene che cerchiamo non sia realmente quello del un numero finito di persone che ci sono vicine, ma piuttosto una gratificazione di regole nostre personali, magari eticamente valide, che, per definizione di etica, sono "relative". E quindi, mentre fanno il bene di alcuni, possono fare il male di altri.

LA MORTE NON E' DISORDINE

Dal punto di vista biochimico si parla di morte quando il nostro organismo non riesce più a mantenere la sua auto-organizzazione e il livello di entropia raggiunge livelli irreversibili. E questa potrebbe essere una definizione ufficiale della morte.

Per inciso, molti sanno che il concetto di entropia è stato preso a prestito dalla termodinamica, una scienza attempata, ma molto valida, e utilizzato per studiare e regolare l'infinitamente piccolo (gli atomi) e l'infinitamente grande: l'Universo. Cosa è in parole povere? E' disordine, ma in una accezione puramente scientifica; nella realtà indica che tutto scorre verso uno stato diverso, ma preordinato.

Perché la morte non è una disorganizzazione di cellule che prima erano organizzate, ma, a mio parere, è una prova che il sistema diventa più organizzato e complesso. Il prefisso "dis" di disordine presuppone un giudizio di valore peggiorativo; ma nella realtà questo giudizio è relativo: a noi appare che la materia vivente si decomponga verso uno stadio spregevole; ma i batteri di putrefazione ritengono, invece, che questo sia uno stadio ottimale per trasformare materia in energia (che, come sappiamo, non si disperde).

Ma veniamo al punto: la morte fa parte di un processo preordinato e scritto nelle nostre cellule, e questo dimostra la realtà di un certo ordine, e non indica assolutamente disordine. Esempio: sono sicuro che a nessuno di noi possa venire in mente che la carne vivente di un bambino possa essere di qualità più scadente di quella di un cucciolo di cane; e che, per questo motivo, il cane si debba usurare più in fretta. Ebbene, nell'orologio vitale del bambino c'è scritto che il suo sistema debba cessare di funzionare verso i 90-100 anni (lasciatemi essere ottimista), e in quello del cane tra i 15-20 (sempre ottimista). Perché? Le rughe sono forse dovute al fatto che le cellule "invecchiano"? Assolutamente no, visto che in media ogni tre anni, tutte le molecole della pelle, ma anche del cuore, delle ossa, sono sostituite.

Le rughe sulla pelle o la diminuita flessibilità della spina dorsale non sono un indice di usura delle molecole, ma che è arrivato un ordine dal sistema centrale di prossimità del termine delle funzioni vitali.

La morte non è quindi il fallimento della vita, ma è la dimostrazione di un suo ordine e dell'aumentata complessità del sistema vitale totale. E' infatti, per un sistema vitale, più facile dare ordine di costruire e sostituire, permanentemente, cellule uguali, che dare l'ordine di costruirle diverse; a seconda degli anni che passano e della specie vivente coinvolta.

In pratica, un essere immortale è più facile da costruire, che uno mortale. La vita e la morte non sono un semplice ammasso casuale di atomi; ma fanno parte di un sistema altamente ordinato.

Le rughe sono semplicemente un segnale di orologio. Orologio utilissimo, perché ci dice quanto tempo abbiamo ancora per godi la vita. Un orologio che ci incita a godercela soprattutto perché siamo vecchi. Avete notato che quando siamo giovani siamo sempre alla ricerca della felicità? Ovviamente senza mai trovarla.

Invece è probabilmente dentro di noi, in quella capacità che hanno gli esseri umani vecchi, di guardarsi dentro. E, forse, di raggiungerla.

RIFERIMENTI:

- "Anelli dell'Io" (Godel, Escher, Bach)
- "Il Cavaliere, la Strega, la Morte, il Diavolo" (Silvana De Mari)
- "Universo Diverso – Reinventare la Fisica da cima a fondo" (Robert Laughlin)

10. IL PRINCIPIO ANTROPICO E L'IMMORTALITÀ.

> *Per molti scienziati la vera sfida nel cercare di capire la vita è individuarne non solo le "condizioni iniziali" in rapporto all'Universo; ma anche le "motivazioni" del suo esistere.*

***

Il Principio Antropico costituisce una nuova formulazione del rapporto tra l'essere umano e l'Universo; esso è stato introdotto in anni molto recenti, parliamo degli anni settanta, nell'ambito della Cosmologia, per opera di un variegato gruppo di scienziati appartenenti a diverse nazionalità e scuole.

Il principio, per lo meno in alcune delle sue formulazioni cosiddette "forti", costituisce il superamento o addirittura il rovesciamento della visione tradizionale del rapporto tra essere umano e cosmo, che la scienza ha elaborato negli ultimi secoli, visione che è entrata a far parte del sistema di credenze fondamentali dell'Occidente.

Nella Cosmologia scientifica tradizionale, di impronta positivista, l'essere umano, inteso come un essere puramente naturale, rappresenta una sorta di prodotto secondario e non necessario dell'evoluzione della materia. La coscienza, in questa visione, è considerata come il risultato di un'organizzazione materiale complessa, come il prodotto di particolari arrangiamenti molecolari, che si sono andati costituendo, nel corso di miliardi di anni, per mutazioni casuali e per la selezione operata dall'ambiente.

Il Principio Antropico, in alcune formulazioni "forti", al contrario, sembra implicare che la coscienza non sia il risultato casuale di un'evoluzione della materia, ma il punto di arrivo di una storia cosmica che tendeva proprio verso questo fine. L'universo, cioè, si è andato costituendo nel modo in cui attualmente lo conosciamo proprio perché ciò ha permesso il sorgere della coscienza, della Vita Cosciente, dell'Uomo. Anzi, per alcuni, l'universo si riduce ad essere nient'altro che una sorta di rudere, di residuo, a testimonianza di un processo evolutivo che oggi trova la sua massima espressione proprio nell'essere umano (o in qualsiasi altra forma di vita cosciente ed intenzionale che eventualmente esista nell'Universo). Accettare questo principio significa accettare che l'Universo sia stato "progettato" con la vita in mente.

Orbene, il principio affermerebbe quindi che l'Universo tutto è stato "creato per noi". Ora, anche ammesso, e non concesso, che la nostra Galassia sia stata creata per noi, che cosa ce ne facciamo delle altre galassie? Per quanto ne sappiamo noi non saremmo neanche in grado, per motivi economici facilmente quantificabili, di visitare neanche il nostro sistema solare. Non parliamo poi di colonizzarlo. E ciò vale anche per tutte le altre galassie, in quanto anche è dimostrabile (ovviamente in modo statistico) che il punto di vista antropocentrico non regge per la distribuzione stessa delle galassie nell'universo conosciuto. E quindi non parrebbe logico credere che la struttura dell'Universo sia stata dettata da qualcosa di "così marginale" come alcune complicate strutture molecolari (quali siamo noi) sviluppatesi, nel nostro esempio, in un piccolo pianeta che orbita attorno ad una comunissima stella alla periferia della nostra galassia.

Dovremmo allora chiederci, e sarebbe il caso di farlo comunque, indipendentemente dal Principio Antropico, se la vita è in qualche modo essenziale per la coerenza dell'Universo. Cioè: l'obbiettivo ultimo (o primo che dir si voglia) dell'Universo è quello di far sviluppare la vita? E, se è così, e se l'Universo è infinito nello spazio (e per certi versi anche nel tempo) allora anche la vita ha l'obbiettivo di diventare infinita nel tempo e nello spazio? E in che modo? A livello generale, cioè a livello della Vita, oppure a livello del singolo essere vivente?

E' difficile pensare ad esseri viventi immortali?

No, in realtà essi esistono già, e sono tra noi, a milioni; a miliardi, a miliardi di miliardi.

Sono i batteri; questi esseri non concludono mai la loro esistenza con la morte, ma con un atto riproduttivo. Cioè si dividono in due parti per scissione, e, cosa fondamentale, ognuna delle due parti ha una perfetta copia del patrimonio genetico dell'originale. E questo procede all'infinito; a meno ovviamente di incidenti causati da fatti esterni. Ad esempio, se un batterio si riproduce per scissione ogni 30 minuti, se non intervengono fattori esterni, dopo 24 ore la "stirpe" generata dal singolo batterio sarà di 250 mila miliardi di batteri.

Quindi, se i batteri sono, come sono, da considerare un po' come una tipologia fondamentale dei mattoni che hanno generato la vita, e che, in ultima analisi, hanno generato gli Esseri Umani; prima o poi anche l'Uomo dovrebbe avere la capacità e possibilità di divenire immortale. Cioè, se in un futuro noi esseri umani fossimo in grado non solo di scinderci, ma anche di mantenere in particolare il patrimonio neurale, potremmo essere considerati esseri immortali, no?

Purtroppo, alla luce di ciò che conosciamo, non è così (almeno per ora…).

Il discorso dei batteri non è nuovo tra gli organismi monocellulari: molti di questi si riproducono per scissione. Nessun organismo avanzato invece lo fa. Il motivo è abbastanza ovvio: è possibile farlo per organismi semplici, impossibile (almeno per ora…) per organismi complessi. Si dovrebbe riprodurre per scissione cuore, polmoni braccia, gambe, e così via. E quando lo si dovrebbe poi fare? A livello fetale oppure quando l'uomo è in età matura?

Ovviamente nel caso dell'Uomo si potrebbe parlare di "clonazione" (non di "scissione"). Ma nella clonazione non è per niente garantito che tutto il patrimonio neurale, soprattutto i ricordi, la storia della nostra vita, il concetto di essere "io", venga mantenuto.

Probabilmente le tecnologie digitali, capaci di trattare Intelligenza Artificiale e Big Data, ci aiuteranno a progredire in questo percorso cognitivo.

11. ANTROPOLOGIA DIGITALE E RELIGIONE

Potremo fare miracoli ed essere simili a Dio, ma non potremo raggiungere il Paradiso in questa vita.

***

Dopo quasi 384 anni dal processo a Galileo Galilei (definito "padre della Scienza"), pare proprio che la Chiesa Cattolica abbia fatto la pace con la stessa Scienza.

La "*Gaudium et spes*" ; uno dei principali documenti del Concilio Vaticano II e della Chiesa cattolica, promulgata nel 1965, chiude il primo capoverso, constatando che gli esiti più rilevanti dell'attività umana, sono ottenuti "specialmente con l'aiuto della tecnica"; una proposizione dalle implicazioni così profonde da lasciare stupiti. Essa recita: "ne deriva che molti beni, che un tempo l'essere umano si aspettava dalle forze superiori, oggi se li procura con la sua iniziativa e con le sue forze".

I MIRACOLI

Alla ovvia domanda: "cosa è 'un bene atteso dalle forze superiori'?" molti risponderanno: "un miracolo". Quindi appare lecito cogliere dal testo l'interpretazione secondo cui molti eventi, considerati un tempo alla stregua di miracoli, oggi l'essere umano se li procuri da solo, con la sola tecnologia, magari digitale.

Un altro aspetto della proposizione in esame, tuttavia, osta alla linearità dell'affermazione secondo cui "la tecnologia fa miracoli". La proposizione infatti parla di beni "che un tempo" l'essere umano considerava doni delle forze superiori, per cui si potrebbe obiettare che la tecnologia non fa propriamente miracoli, ma riesce a compiere solo quello che erroneamente in passato appellavano come miracolo.

Sembrerebbe quindi opportuno, individuare quali eventi "un tempo" gli esseri umani consideravano "interventi divini" e verificare, alla luce del presente, se tali interventi furono designati propriamente o impropriamente "miracoli".

Può darsi, ad esempio, che per "bene atteso dalle forze superiori" possa essere intesa l'acqua un tempo richiesta al cielo dall'agricoltore affinché bagnasse il campo seminato; e oggi, in vaste aree, ottenuta tramite ingegnosi sistemi d'irrigazione; si può anche pensare alla selvaggina o al banco di pesci che il cacciatore/pescatore implorava alla divinità di porre sul proprio percorso per poter mangiare. In questi casi, il significato del passo in esame si avvicinerebbe al pungente aforisma del filosofo Bertrand Russell che, approssimativamente, faceva notare come un uomo in mezzo all'oceano su una barca a remi ha molte più ragioni per credere in Dio che non uno su uno splendido yacht.

Pare tuttavia che il passo della "Gaudium et Spes" possa estendere ampiamente la sua area semantica, fino a comprendere quello che comunemente è detto "miracolo". Considerando che, però, tali "miracoli", nei due testamenti, erano "beni" o "interventi divini" speciali: fatti per un singolo o per un segmento di popolazione; e non necessariamente estendibili ad altri (addirittura a detrimento di altri).

Se andiamo infatti ad indagare gli interventi divini tradizionali del Vecchio e del Nuovo Testamento, vediamo che le cosiddette "piaghe d'Egitto", con la decima che uccide tutti i primogeniti egiziani (sterminio al cui confronto la "strage degli innocenti" erodiana è opera dilettantesca), sono esempi emblematici di questo tipo di "beni parziali".

Le acque del mar Rosso che si aprono al momento giusto sono un gran bene per chi vi passa in mezzo, asciutto, verso la salvezza; ma non altrettanto devono essere apparse a chi vi ha trovato la morte quando esse si sono chiuse.

La stessa valutazione è da estendere a tutte le vicende in cui il Dio degli Eserciti combatte al fianco del popolo eletto conducendolo alla vittoria contro altre comunità umane. Sebbene un giudizio malizioso potrebbe far notare che alcune nazioni riescono ad ottenere oggi gli stessi scopi senza allearsi alle forze superiori divine, ma solo ricorrendo a forze bellico-tecnologiche superiori .

Se, poi si considera miracoloso l'atto in sé di oltrepassare le leggi del "regno della materia" come, ad esempio, il guarire da una determinata malattia, che la natura releglierebbe a causare una invalidità permanente o conclamerebbe subito in morte (e che oggi viene ben combattuta con protesi, antibIoTici, ecc…); oppure il moltiplicare il cibo: si pensi ai recenti risultati delle ricerche sulla carne sintetica che ricava salsicce, hamburger o bistecche dalle sole cellule muscolari di un animale; o il permettere di generare a persone per natura impossibilitate a farlo; allora, è lecito ritenere che l'essere umano dotato della giusta tecnologia possa "fare miracoli".

Sì, la tecnologia compie "miracoli"; in senso letterale biblico.

Come non ricordare il sentimento che deve aver accompagnato i padri conciliari mentre redigevano il loro primo decreto intitolato proprio Inter mirifica. L'apertura ha tutte le sembianze di un inno di lode al Signore per i doni con i quali continua a "viziare" l'umanità: "Tra le meravigliose invenzioni tecniche che, soprattutto nel nostro tempo, l'ingegno umano è riuscito, con l'aiuto di Dio, a trarre dal creato, la Chiesa accoglie e segue con particolare sollecitudine quelle che più direttamente riguardano le facoltà spirituali dell'essere umano e che hanno offerto nuove possibilità di comunicare, con massima facilità, ogni sorta di notizia, idee, insegnamenti". Si capisce bene, quindi, come la recente espressione di papa Francesco: "Internet è un dono di Dio", non sia uno slogan estemporaneo di captatio benevolentiae per i giovani d'oggi, ma solo l'adeguamento linguistico di un principio che innerva profondamente il pensiero della Chiesa.

"Mirabili" e "meravigliose" chiamava per tre volte le invenzioni tecniche già Pio XII nell'enciclica Miranda Prorsus del 1957; "mirabolante", "meraviglioso", "prodigio", "mirabile" sono le espressioni che erompono dallo stupore di Paolo VI nella citata visita al Centro di automazione di Gallarate, dinanzi ad un innovativo (preistorico, per i nostri tempi) cervello elettronico che facilitava lo studio dei testi di san Tommaso; "meravigliosi" appellava ancora il concilio Vaticano II "gli sviluppi della tecnica", nella dichiarazione Gravissimum educationis. "Meravigliose" ripeteva in più e più occasioni Giovanni Paolo II mentre "strabilianti" (Caritas in Veritate n. 69) definisce Benedetto XVI le applicazioni del progresso tecnologico.

Ma tutto questo dove ci porta? Influenza il destino ultimo dell'uomo? Ci porta a Dio? Ci porta al Paradiso?

SAREMO SIMILI A DIO?

Ci rendiamo conto che la navigazione su questo tema è decisamente audace; anche perché, nei nostri tempi, la teologia è diventata estremamente riservata e prudente riguardo alle realtà escatologiche (come sapete l'escatologia è la dottrina filosofico-religiosa che si interroga sul destini ultimi dell'uomo nell'universo).

Però, analizzando la questione, ci accorgiamo che gli stessi Padri o i Dottori della Chiesa, o autori cristiani meno noti, hanno generosamente, e sorprendentemente, tratteggiato una realtà per loro futura o addirittura ideale; e che per noi invece è attuale per merito della tecnologia. Ci sono infatti rimasti repertori di descrizioni escatologiche la cui lettura ci affascina. Ne sono esempi il libro XXI de La Città di Dio di sant'Agostino, il libro IV dei Dialoghi di Gregorio Magno, il libro IV della Summa contro i Gentili di san Tommaso, con i passi "paralleli" nell'altra più famosa Summa e i capitoli che vanno dal CLV al CLXX del Compendio di teologia. E addirittura opere totalmente dedicate alla tematica, minuziose, vere perle di storia della teologia; come il Prognosticon futuri saeculi di Giuliano Toletano del VII secolo. Queste "descrizioni" escatologiche pre-figuranti sono sorprendenti; la corrispondenza tra gli slanci escatologici degli autori cristiani di molti secoli fa e i progetti dell'attuale tecnologia avanzata ha qualcosa di stupefacente.

Una delle principali caratteristiche dei corpi risorti sarà il "sapere tutto": sarà a disposizione, scrive Agostino, "la scienza di tutte le cose, perché si potrà attingere alla fonte del sapere"; Bruno d'Asti, collegandosi ad Apocalisse 8, 1, spiega: "Aperto il settimo sigillo è fatto silenzio in Cielo, perché non sarà più necessario parlare l'un l'altro: tutti, infatti, sapranno tutto"; Cassiodoro, nel De anima, entra nel dettaglio, specificando che sarà acquisito senza studio il contenuto di ogni disciplina, "quanto è grande il numero, la discrezione delle linee, l'armonia della musica, il moto degli astri", ecc. Aldilà delle specifiche nozioni disciplinari, i beati avranno un'altra prerogativa conoscitiva, infatti, come aggiunge Agostino, "anche i nostri pensieri si apriranno scambievolmente".

E sicuramente non è, quindi, disdicevole sostenere che, nella linea ideale tra il punto di partenza rappresentato dalla conoscenza della maggioranza delle persone dei primi secoli cristiani e il punto di arrivo di avere nozionisticamente tutto lo scibile a disposizione, probabilmente, con Internet ed altro, ci collochiamo tendenzialmente a metà percorso; o forse più avanti. Un percorso che si fa idealmente in discesa con gli studi sul collegamento wireless cervello-computer e con quelli del variamente denominato settore del mind reading, through identification, anche altrimenti detto "neural decoding" (John Dylan-Haynes, Jack Gallant, Gerwin Schalk ...), che mirano, in breve, a decifrare ciò a cui una persona sta pensando analizzando, mediante il computer, le aree del cervello attivo.

Ma andiamo oltre: e rifacciamoci alla domanda del discente curioso dell'Elucidarium di Onorio d'Autun: "I beati possono dunque fare quello che vogliono. E se io volessi essere simile all'apostolo Pietro?", a cui il maestro spiega: "Essere simile a Pietro sì, essere lui stesso no". E quindi consideriamo gli attivi studi ed esperimenti in cui eccelle Henrik Ehrsson dell'Istituto Karolinska di Stoccolma, del cosiddetto "scambio dell'io": tramite particolari dispositivi visivi e tattili i soggetti diversi si scambiano reciprocamente le percezioni cerebrali del sé fisico. Lo stesso maestro dell'Elucidarium spiega al discepolo che il santo in paradiso si realizza come un dio e in quanto tale è "tanto onnipotente da poter creare un nuovo mondo".

Infatti la casistica di "sentirsi Dio" per chi lavora nella tecnologia è corposa: il programmatore Tom Pittman, in Deus ex Machina, confessa che, in certi momenti cruciali del suo lavoro: "io che sono cristiano sento di potermi avvicinare a quel tipo di soddisfazione che poteva aver sentito Dio quando creò il mondo", e così ratifica il rapporto dell'antropologo Stefan Helmreich che, visitando i laboratori di Vita artificiale dell'Istituto di Santa Fe, apprese che per i programmatori di "Tierra" "descriversi come una specie di dio è strategia frequente; e un ricercatore mi chiese esplicitamente di 'pensare teologicamente per un momento'" se volevo ben capire le intenzioni dei progetti.

Gli esempi abbondano. Pier Damiani, nell'Opusculum quinquagesimum, prevede che "tutti gli elementi obbediranno interamente alla felicissima volontà dei santi" e Eric Drexler, pioniere della nanotecnologia, assicura che, intervenendo a livello atomico, possiamo trasformare tutti gli elementi. Agostino aggiunge che potremo essere presenti a chiunque altro appena lo volessimo e, in maniera virtuale, questo è già largamente raggiunto. La tecnologia dell'informazione, in pochi anni, ha permesso una crescita a dismisura della comunicazione interpersonale e, più in generale, delle relazioni umane. A differenza dei beni materiali, che nella suddivisione diminuiscono, le informazioni e la comunicazione si accrescono distribuendosi a più persone. Come tutti gli altri beni spirituali. L'immagine della rete intorno alla Terra, che talvolta è usata per rappresentare il livello di connessione cosmica di tutti con tutti, è il manifesto del livello di potenziale relazione/comunicazione dell'umanità di oggi.

AVREMO QUINDI IL PARADISO PER MERITO DELLA TECNOLOGIA?

Purtroppo sulla questione non ci sono ancora risposte. Sicuramente non da elucubrazioni su scritti e pareri di studiosi cattolici.

E per quanto riguarda altre filosofie?

Proviamo con le teorie marxiste; infatti la questione richiama alla memoria le osservazioni che Henry de Lubac esternava circa la sicurezza ostentata dai marxisti di un futuro di giustizia, pace e benessere generale. In "Alla ricerca di un uomo nuovo" domandava: "In quale libro eterno i marxisti hanno letto quel senso della storia che essi stabiliscono con tanta sicurezza? ... Dove hanno preso l'idea del termine verso il quale, secondo loro, si incammina infallibilmente la storia? Come sanno che, in quell'ultimo stato, l'uomo avrà finalmente i mezzi per risolvere tutti i problemi umani, la cui soluzione adesso è impossibile: i problemi della felicità, della conoscenza, dell'amore e della morte? ... E, come ci rendiamo conto, l'esperienza non ci mostra che possa verificarsi niente di simile ad un paradiso in terra".

Una possibile conclusione che si può trarre, quindi, è che chiunque proclami una futura era di benessere, se non di perfezione; a qualsiasi filosofia dica di appartenere, per qualsiasi fine, interesse, utopia si stia adoperando, sta calcando un'idea di un paradiso tipo Isole felici o Età aurea, da raggiungersi su questa terra, mentre siamo in vita; e magari per merito della tecnologia. E questa proposizione, al momento, non appare possa verificarsi.

Potremo magari essere (o sentirci) simili a Dio, ma non raggiungeremo il paradiso in questa vita.

RIFERIMENTI:

- Andrea Vaccaro, docente all'Istituto di Scienze Religiose Galantini di Firenze : "La nascita della filosofia digitale" e " Il ruolo della tecnologia nella riflessione teologica" (2015).
- TOMMASO D'AQUINO, Summa Theologiae, II-II, q. 178, a. 1, ad 3.
- J. DELUMEAU, Une histoire du paradis. Le jardin des délices, Fayard, Paris, 1992.
- GIULIANO TOLETANO, Prognosticon futuri saeculi, PL 96, 453–524. , L'etica hacker, 108.
- S. HELMREICH, "The Word for World Is Computer", in M. NORTON WISE (ed.), Growing explanations, Duke University Press, Duhram and London, 2004, 284.

12. IL TELETRASPORTO È UN PROBLEMA TECNICO O ANCHE ETICO-RELIGIOSO?

Religione e Scienza si sono sempre combattute. Dai filosofi ellenici come Democrito ed Epicuro, a Galilei, agli Illuministi. E fino ai giorni nostri; quando, ad esempio, le conquiste della genetica, sono guardate con grande attenzione e sospetto dalla Chiesa. Ci sarà forse un momento nel futuro in cui Religione e Scienza si accorderanno? Fra, diciamo, 4000 anni, Scienza e Religione (e magari Filosofia) confluiranno in un accordo? Ho motivo di dubitarne.

***

Parliamo del TELETRASPORTO e seguite il mio ragionamento:

La fantascienza anticipa, spesso, il futuro. Anzi, spesso il futuro riesce anche a fare di meglio: oggi abbiamo piccoli aggeggi tascabili (molto più piccoli di Hal 9000 di "2001 Odissea nello Spazio") che possiamo interrogare a voce su qualsiasi cosa ed ottenere risposte. E con le nostre "APP" possiamo guidare le auto; facendole parcheggiare anche con comandi remoti. Trent'anni fa era fantascienza.

La cosa però che mi ha affascinato di più nelle mie visioni fantascientifiche, è sempre stata, IL TELETRASPORTO; visualizzato nella filmografia in quella specie di cabina da doccia, dove uno entrava, e si trovava trasportato da un'altra parte; anche distante, e in maniera immediata. E' possibile che un giorno possiamo liberarci dai vincoli che ci confinano su questa piccola porzione dello spazio-tempo, per esplorare i più lontani angoli del cosmo col teletrasprto?

Si, è possibile! E' possibile sia a livello teorico, che a livello pratico.

Premetto: nella classica descrizione fantascientifica, un TELETRASPORTORTATORE è un congegno che scannerizza un oggetto, per determinarne la sua composizione nei dettagli; e poi spedisce queste informazioni in una località distante; dove l'oggetto viene ricostruito. Le versioni di questo processo sono due: nella prima l'oggetto viene smaterializzato e i suoi atomi vengono spediti assieme ai dati per ricostruirlo; nella seconda si utilizza del materiale già presente nella destinazione d'arrivo per costruire una copia perfetta.

Come vedremo, la versione tecnico-scientifica sperimentale della faccenda si sta orientando verso questa seconda possibilità; (anche perché io non mi fiderei molto dell'essere smaterializzato e rischiare che, non funzionando qualcosa nel trasporto, i miei miliardi di atomi possano svolazzare disaggregati nell'Universo per tutta l'Eternità).

Ci sono però due domande cruciali:

Una di carattere etico-filosofico: "Se è possibile ottenere una copia perfetta, è giusto identificarla con l'originale?". Un'altra, ovvia, di carattere tecnico: "è possibile esaminare un oggetto e stabilire la sua composizione in modo così accurato da poterlo ricostruire identico in tutto e per tutto?"

In un universo governato dalla fisica classica la risposta alla seconda domanda sarebbe affermativa. In principio, le proprietà di ogni particella dell'oggetto; cioè la sua identità, la posizione nello spazio, e la velocità, possono essere misurate con precisione illimitata, quindi trasmesse dove si vuole. In un universo, però, governato dalla meccanica quantistica (come ci appare essere il nostro), la situazione è più complessa.

Sappiamo, infatti, che l'atto di misurare un oggetto cambia l'oggetto osservato; quindi ci troviamo di fronte ad un bel problema: se duplichiamo l'oggetto che osserviamo, esso non è identico a quello originale, in quanto è stato modificato dalla nostra osservazione. E quindi potremmo doverci mettere l'animo in pace sul fatto che il teletrasporto non è assolutamente possibile; per motivi intrinseci alla fisica.

In realtà c'è qualche motivo di speranza; e ciò in quanto ogni particella elementare del nostro universo è identica a tutte quelle della sua specie con la stessa massa, la stessa carica elettrica e lo stesso spin totale. I fisici sintetizzano queste informazioni parlando di stato quantico.

Allora, ecco qui la buona notizia: se due particelle si trovano nello stesso stato quantico, allora, per le leggi della meccanica quantistica esse sono indistinguibili, non solo in teoria, ma anche in pratica. Sono gemelle, sono identiche, e se uno scambiasse la loro posizione nessuno sarebbe in grado di accorgersi della differenza.

Cerchiamo ora di rispondere alla prima domanda: "ma il secondo oggetto, quello trasportato, è veramente quello originale? Insomma, se io vengo teletrasportato, il mio io teletrasportato è "me stesso", con le stesse emozioni, ricordi, attitudini, ecc.?"

Dal punto di vista teorico ci sono molte ragioni per cui la risposta possa essere positiva; infatti la struttura atomica e molecolare di un corpo basta a determinarne il suo aspetto, il suo odore e persino il suo sapore. Se voi chiedeste ad una azienda di spedizioni dell'anno 4000 d.C. di trasportare la vostra auto da Roma a New York via nave, e questi, a vostra insaputa, per fare prima, ve la teletrasportassero nel modo appena visto, voi non potreste mai accorgervene, neanche in linea di principio.

E per un essere vivente? Per me stesso?

Non avendo precedenti cui appoggiarmi, posso fare speculazioni teoriche: se un essere vivente ha atomi e molecole che lo compongono nello stesso stato quantico dei miei, ebbene, quello sono io. Anche se l'originale continuasse ad esistere dopo l'arrivo della "copia", non dovremmo esitare a dire che "tutti e due sono me". Molti fisici-antropologi di oggi sono d'accordo nell'affermare che pensieri, ricordi, emozioni, giudizi hanno una loro incarnazione fisica nelle proprietà atomiche e molecolari del sistema nervoso: uno stato quantico di queste particelle dovrebbe implicare un identico essere cosciente. Con il tempo le diverse esperienze mie e del mio "doppio" ci farebbero differenti, ma esisterebbero "due me", non un originale e una copia.

Anzi, voglio anche fare ulteriori elucubrazioni:

La nostra composizione fisica è continuamente soggetta a trasformazioni, ma ciononostante noi rimaniamo la stessa persona. Il dolce appena mangiato, che ci riempie il sistema circolatorio di zucchero e grassi; la risonanza magnetica, che, se vi siamo sottoposti, cambia gli spin di molti nuclei atomici del nostro cervello; il trapianto di un organo; lasciano comunque noi la stessa persona. Si stima che ogni milionesimo di secondo il corpo umano medio cambi mille miliardi dei suoi atomi (B. Greene), eppure la nostra identità personale non ne risente. Per cui, se anche il me stesso teletrasportato non fosse identico a me fino alla singola molecola, potrebbe tranquillamente continuare ad essere indistinguibile da me.

E' un esperimento di teletrasporto è stato veramente realizzato con successo! Vediamo come:

Nel 1997 due ricercatori: uno, A.Zeilinger, dell'Università di Innsbruck e l'altro, F. De Martini, dell'Università di Roma, hanno portato a termine con successo il primo teletrasporto di un fotone.

Entrambi i gruppi si sono avvalsi di una tecnica basata *sull'entanglement quantistico* (*), seguendo le proposte teoriche avanzate nel 1993 da un gruppo internazionale di almeno sei fisici. Il grande merito di Zeilinger e De Martini fu di inventarsi tecniche sperimentali ingegnose e nuove e di riuscire a realizzarle in laboratorio. Nel

1997 entrambi riuscirono nell'impresa di effettuare materialmente il teletrasporto di un fotone.

Ci dovremmo però ora chiedere come fare nel caso di oggetti macroscopici (come una persona). Ed è qui che iniziano le brutte notizie:

Per poter teletrasportare oggetti dobbiamo disporre di "cabine" piene zeppe di particelle : elettroni, protoni, neutroni e così via, in quantità sufficiente a ricostruire oggetti; e ogni singola "entangled" con la corrispondente particella distante. Ogni passo del procedimento appare oggi, sicuramente irrealizzabile perché al di fuori della nostra attuale portata tecnologica. La misurazione congiunta di due soli fotoni si è rivelata un'impresa difficilissima: l'estensione di questo processo a grandi quantità di particelle (miliardi di miliardi di miliardi, ecc...) ci sembra oggi inimmaginabile.

Ma la scienza e la tecnologia sembrano continuamente farsi beffe delle previsioni più pessimistiche: oggi è impossibile? Quarant'anni fa il computer dell'Enterprise di Star Trek sembrava ugualmente fantascientifico. Decidete voi!

E veniamo alla religione.

Certamente, se si crede che la vita, e quella degli esseri coscienti in particolare, sia qualcosa di più della sua composizione fisica, i parametri per giudicare il successo del teletrasporto saranno più restrittivi. Portando il tema verso una decisione etica, e religiosa; non tecnica o scientifica, ma religiosa. Fino a che punto la nostra identità personale è legata alla nostra identità fisica? Questo dibattito, per vostra informazione, è già in corso da molto tempo, ma nessuno sembra aver dato una risposta in grado di mettere tutti d'accordo. E, chi ci ha ragionato sopra, ha ragionato sull'identità fisica; non sull'anima. Ammesso quindi che io possa quindi duplicare tutto: pensieri, emozioni, ricordi (dando per scontato che siano entità fisiche, come visto prima), ...ma...posso duplicare l'anima?

No, non posso, in quanto l'anima è un'entità non-fisica. Ovviamente per chi ci crede; per chi ha una religione. Quindi, in un futuro, il Teletrasporto potrà essere possibile, a patto che risolviamo il problema etico e religioso.

(*) ENTANGLEMENT QUANTISTICO: Secondo la meccanica quantistica è possibile realizzare un insieme costituito da due particelle, facendo in modo che il valore misurato per una particella influenzi istantaneamente il corrispondente valore dell'altra, che risulterà identica alla prima. Ciò rimane vero anche nel caso le due particelle si trovino distanziate; senza alcun limite spaziale.

CAPITOLO IV

RECENTI NUOVI ORIZZONTI TECNICO – SCIENTIFICI RIVELATI DAL DIGITALE

1. **I BUCHI NERI SONO DIVENTATI UNA DIVERTENTE CURIOSITA' PER L'ESSERE UMANO ODIERNO, CHE SI CIBA SEMPRE DI PIU' DI TECNOLOGIA. FORNISCO UNA GUIDA A COME FOTOGRAFARLO**

   I buchi neri sono estremamente timidi e non si mostrano facilmente alle macchine fotografiche. Infatti, poiché l'estrema gravità del buco nero impedisce alla luce di sfuggire, i cuori oscuri di questi grossi e misteriosi oggetti cosmici rimangono completamente invisibili.

Vi spiego come aggirare i problemi.

***

Fortunatamente, c'è un modo per "vedere" un buco nero senza doversi avvicinare troppo all'abisso. I telescopi possono guardare la sagoma dell' "orizzonte degli eventi" di un buco nero (che sarebbe il perimetro all'interno del quale nulla può sfuggire e nulla può essere visto). Questo è ciò che l'Event Horizon Telescope, o EHT, fece nell'aprile 2017, raccogliendo dati che ora, dopo un anno di elaborazione, hanno dato la prima immagine di un buco nero supermassiccio: quello all'interno della galassia M87.

Non c'è niente di meglio che avere un'immagine: sebbene gli scienziati abbiano raccolto molte prove indirette per i buchi neri nell'ultimo mezzo secolo, vale la regola: "vedere per credere".

Creare quel primo ritratto di un buco nero è stato difficile, però. I buchi neri occupano una minuscola scheggia di cielo e, dalla Terra, appaiono molto deboli. Il progetto di *imaging* del buco nero di M87 richiedeva osservatori in tutto il mondo che lavorassero in tandem; con la risultante, una volta in grado di accumulare e sommare i vari dati, di una visione più nitida di quella che ogni singolo osservatorio potrebbe ottenere da solo.

Per ottenere la prima immagine di un buco nero è stato necessario collegare radio-osservatori che coprono quasi l'intero globo in una rete chiamata Event Horizon Telescope.

Con un peso di circa 6,5 miliardi di volte la massa del nostro sole, il buco nero fotografato all'interno della M87 non è uno scricciolo. Ma visto da 55 milioni di anni luce di distanza sulla Terra è solo di circa 42 "microarcsecondi". Solo un telescopio con una risoluzione senza precedenti poteva individuare qualcosa di così piccolo. (Per confronto, il telescopio spaziale Hubble, uno dei più grandi al mondo, è in grado di distinguere solo oggetti di massimo 50.000 microarcsecondi.).

La risoluzione di un telescopio, però, molto dipende dal suo diametro: più grande è il piatto, più chiara è la sua vista; in parole povere, quindi: ottenere un'immagine nitida di un buco nero supermassiccio come quello in questione richiederebbe un'antenna radio, a disco, di dimensioni planetarie.

Invece, una tecnica chiamata interferometria di base, piuttosto complessa, è in grado di combinare le onde radio viste contemporaneamente da molti telescopi; in modo che i telescopi collegati funzionino efficacemente insieme, come un piatto gigante, per dare una immagine unica. Il diametro di quel piatto virtuale è uguale alla lunghezza della distanza più lunga, o linea di base, tra due telescopi nella rete. Per l'EHT, questa à la distanza dal Polo Sud alla Spagna. Mica male, no?

Ricordo che, l'EHT pur non essendo stato sempre il fenomeno di oggi, già si era comportato bene in passato. Nel 2009, una rete di soli quattro osservatori - in Arizona, California e Hawaii - aveva già ottenuto una prima discreta fotografia alla base di uno dei getti al plasma che fuoriesce dal centro del buco nero di M87. Ma questa piccola coorte di telescopi non aveva ancora il potere di ingrandimento per rivelare il buco nero stesso.

Nel tempo, l'EHT ha reclutato nuovi osservatori e nel 2017, c'erano otto stazioni di osservazione in Nord America, Hawaii, Europa, Sud America e Polo Sud. Tra i nuovi arrivati c'era l'Atacama Large Millimeter / submillimeter Array, o ALMA, situato su un altopiano nel nord del Cile. Con una superficie combinata più grande di un campo di football americano, ALMA raccoglie molte più onde radio rispetto ad altri osservatori.

Questi otto osservatori si sono, pertanto uniti nel 2017, per lavorare insieme come un telescopio globale, chiamato la rete Event Horizon Telescope: paparazzi a caccia di buchi neri la loro missione. Ma poiché M87 appare nel cielo del nord, non tutti gli otto osservatori potevano vederlo.

Le campagne di osservazione EHT si svolgono al meglio tra fine marzo e inizio aprile, quando il clima di ogni osservatorio promette di essere il più "cooperativo". Il più grande nemico dei ricercatori è infatti la pioggia e la neve, che può confondere le onde radio a lunghezza d'onda millimetrica cui sono sintonizzati i telescopi dell'EHT.

Ma pianificare un buon clima in diversi continenti può essere un problema.

Quando i cieli sono abbastanza chiari per l'osservazione, i ricercatori dirigono i telescopi verso il buco nero e iniziano a raccogliere le onde radio. Presi da soli, i dati di ogni stazione osservatrice sembrano assurdità. Ma presi assieme, usando la complessa tecnica di interferometria di base, questi dati sono stati in grado di rivelare l'aspetto di un buco nero.

Ecco (più o meno) come funziona. Immaginate un paio di antenne radio puntate su un singolo bersaglio, in questo caso la sagoma a forma di anello di un buco nero. Le onde radio che emanano da ciascun frammento di quell'anello devono percorrere percorsi leggermente diversi per raggiungere ogni telescopio. Queste onde radio possono interferire l'una con l'altra, talvolta rafforzandosi a vicenda e talvolta annullandosi a vicenda. Il modello di interferenza osservato da ciascun telescopio dipende da come le onde radio di diverse parti dell'anello interagiscono quando raggiungono la posizione di quel telescopio. E permettono di ricostruire una sagoma.

Per obiettivi semplici, come le singole stelle, i modelli di onde radio raccolti anche solo da un singolo paio di telescopi forniscono informazioni sufficienti per consentire ai ricercatori di lavorare all'indietro e capire quale distribuzione di luce deve aver prodotto quei dati. Ma per una fonte con una struttura complessa, come un buco nero, ci sono troppe soluzioni possibili per ciò che l'immagine potrebbe essere. I ricercatori hanno bisogno di più dati per capire come le onde radio di un buco nero interagiscono tra loro, richiedendo più indizi su come si presenta il buco nero.

La matrice da esaminare ha tante linee di base di lunghezze e orientamenti diversi possibili. Le coppie di telescopi più distanti possono, ad esempio, vedere dettagli più fini, perché c'è una differenza maggiore tra i percorsi che le onde radio portano dal buco nero a ciascun telescopio. L'EHT include coppie di telescopi con entrambi gli orientamenti nord-sud e est-ovest, che cambiano rispetto al buco nero mentre la Terra ruota.

Per intrecciare le osservazioni di ciascun osservatorio, i ricercatori devono registrare i tempi per i loro dati con altissima precisione. Per questo, usano orologi atomici maser all'idrogeno, che perdono circa un secondo ogni 100 milioni di anni.

Questi dati vengono quindi trasferiti al MIT Haystack Observatory e al Max Planck Institute per Radio Astronomy a Bonn, in Germania, per l'elaborazione in un tipo speciale di supercomputer chiamato "Correlatore". Ma ogni stazione di un telescopio accumula centinaia di terabyte di informazioni durante una singola campagna di osservazione: troppo da mandare su Internet (anche se hanno connessioni a 64 Gbit/sec). Quindi i ricercatori usano una sorprendente e moderna soluzione: inviano dischi per posta ordinaria (aerea però).

Sebbene la maggior parte dei dati EHT abbia raggiunto Haystack e Max Planck entro poche settimane dalla campagna di osservazione del 2017, non ci sono stati voli dal Polo Sud fino a novembre; e quindi fino a dicembre non c'erano i dati del Polo Sud.

Ma la mancanza di alcuni dati può non essere un problema. Se il buco nero di M87 fosse una canzone (dicono gli scienziati), immaginarla usando solo i dati EHT combinati, sarebbe, talvolta, come ascoltare un pezzo suonato su un pianoforte con alcuni tasti rotti. Più sono i tasti funzionanti, più è facile ottenere la giusta melodia. Però, anche se hai alcuni tasti rotti, se stai suonando correttamente tutti gli altri, puoi capire il motivo, in parte anche perché sappiamo come deve suonare quella musica. Il motivo per cui possiamo ricostruire le immagini, anche se non abbiamo il 100 percento delle informazioni, è perché i ricercatori sanno come sono o dovrebbero essere le immagini. Il software di imaging ha fatto il resto.

Qualcuno allora potrebbe gridare all'imbroglio, urlando: "sono allora immagini fatte con Photoshop?"

Beh, i ricercatori ci assicurano che non è così. Ci sono delle regole matematiche su quanta casualità ogni immagine può contenere, quanto brillante dovrebbe essere e quanto è probabile che i pixel vicini sembrino simili. Queste linee guida di base possono informare il modo in cui il software decide quali potenziali immagini o interpretazioni dei dati hanno più senso.

Prima della campagna di osservazione del 2017, i ricercatori EHT avevano organizzato una serie di prove di "role play", di imaging, per assicurarsi che i loro algoritmi informatici non fossero distorti in modo da creare forzatamente immagini che corrispondessero alle aspettative di come dovrebbero apparire i buchi neri. Una ricercatore con identità segreta, aveva il compito di fornire un'immagine falsa, generata da dati falsi di ciò che i telescopi vedrebbero. Altri ricercatori dovevano individuare l'errore e ricostruire l'immagine reale. La pratica ha aiutato i ricercatori a perfezionare le tecniche di elaborazione dei dati usati per rendere l'immagine di M87. Quella reale.

2. LE ONDE GRAVITAZIONALI.

"la fisica é come il sesso: può avere qualche risultato pratico, ma non é per questo che la facciamo" — ma allora, le onde gravitazionali servono a qualcosa?

***

Così disse il fisico Feynman; e quando ad Albert Einstein fu chiesto quali potessero essere le applicazioni pratiche della relatività generale, la risposta fu, più o meno: "Non lo so e non m'interessa". Ma se il fisico tedesco non avesse esposto le sue teorie, oggi, per dirne una, non avremmo il GPS.

In tempi recenti si è detto tanto sulle onde gravitazionali (che chiamerò per brevità OG), ma è forse sfuggita l'importanza che esse hanno e avranno, non solo per la scienza; ma anche per il nostro vivere comune. Basta infatti poco a riflettere, ad esempio, che la nostra civiltà è basata sulle onde elettromagnetiche; che ci danno la possibilità di comunicare come siamo in grado di farlo oggi. Ebbene, le OG sono, probabilmente, molto più importanti delle onde elettromagnetiche.

Vediamo perché.

Innanzitutto è da sottolineare che l'importanza attuale non è data dalla loro scoperta; ma dal fatto che si è provato che esistono. Fu Einstein, infatti, a scoprirle, cento anni fa, e sono sicuro che oggi darebbe un occhio per assistere al loro rilevamento. Secondo Einstein, infatti, non si sarebbero mai potute rilevare.

Ma andiamo con ordine. Tra il 1916 e 1918 Einstein, con una serie di equazioni nuove di zecca dimostrò che la materia in spostamento produce OG; allo stesso modo con cui le cariche elettriche, che percorrono un conduttore, producono quelle onde elettromagnetiche che ci danno la possibilità di avere radio, televisione e molto altro. Ma le OG incurvano lo spazio. Pertanto la prima grossa differenza è che, mentre le onde consuete che si formano sull'acqua, o quelle sonore, o quelle elettromagnetiche viaggiano nello spazio, le OG sono perturbazioni dello spazio. In teoria, quindi, ci si può accorgere del passaggio di una OG misurando in modo continuo la distanza tra vari punti e verificando come essa cambi al passaggio di una OG. Ad esempio, se prendessi un metro da sarto e lo facessi attraversare da una OG, esso potrebbe diventare (esagero), ad un certo punto, 90 cm e poi anche 120 cm.

Molti fisici considerarono ciò ridicolo e impossibile; e cercarono di dimostrare che le OG derivano da una errata interpretazione matematica della relatività generale. Ma, alla fine, le analisi teoriche puntarono alla conclusione che le OG esistono e lo spazio può davvero contrarsi e dilatarsi. E questa fu una prima vittoria per Einstein.

Il problema, però, è che nessuno è mai riuscito ad osservarle direttamente, perché le deformazioni sono piccole, molto piccole. Per dare un'idea di quanto sono piccole pensiamo che, se una stella distante 10.000 anni luce esplodesse (supernova), la corrispondente OG che giungesse sulla terra deformerebbe il nostro metro di un milionesimo di miliardesimo di centimetro. Pari ad un centesimo del diametro di un nucleo atomico.

Quindi, a meno che una sconvolgente catastrofe cosmica non si verifichi nelle vicinanze della Terra, la misura dell'effetto di una OG richiede la costruzione di un apparato sperimentale di indicibile precisione.

La sfida venne accolta dagli scienziati che hanno progettato il LIGO (Laser Interferometer Gravitational Wave Observer), un dispositivo messo in opera congiuntamente dal California Institute of Technology e dal MIT, grazie ai fondi della National Science Foundation. La sua costruzione iniziò nel 2002, ed è costata 365 milioni di dollari

Il LIGO è costituito da due tubi vuoti lunghi 4 chilometri e larghi poco più di un metro; disposti a formare una gigantesca "L". I tubi devono essere lunghi, perché gli effetti della deformazione sono proporzionali alla lunghezza. Per ampliare ulteriormente il percorso ottico di 4 km, la luce laser di misurazione viene fatta rimbalzare, tramite specchi, per più di cento volte all'interno dei tubi, e in tal modo la distanza rilevata diventa di circa 800 km. Con questo ed altri trucchi ingegneristici il LIGO è in grado di effettuare misurazioni pari a un centomilionesimo del diametro di un atomo. Per inciso, i LIGO sono due (anzi tre, ma il terzo è la metà più piccolo), posizionati a distanza di 3000 chilometri; ciò per avere una conferma della misurazione: se entrambi misurano gli stessi effetti di una OG dobbiamo essere vicini al vero.

L'11 febbraio avviene il miracolo ricercato da più di un decennio e anticipato da "rumours": NATURE annuncia che le OG sono state rilevate il 14 settembre 2015 alle 10:51, e sono state prodotte dalla collisione di due buchi neri distanti 1,3 miliardi di anni luce dalla Terra.

Viene da dire,"e quindi?"; a che servono queste OG, oltre a far felice Einstein (in maniera postuma) ed un centinaio di altri scienziati, per molti dei quali un lavoro ben pagato è solo cominciato?

Cerchiamo di capire perché le OG sono importanti.

Prima di tutto TUTTA LA MATERIA IN SPOSTAMENTO PROVOCA OG. E' un fenomeno generale: quando noi camminiamo provochiamo delle OG: deformiamo lo spazio attorno a noi e tutto ciò che contiene. La cosa è molto interessante, perché noi ci siamo abituati a pensare allo spazio come a qualcosa di vuoto, ma molto affollato; percorso ad esempio da corpi celesti, da raggi cosmici, da onde elettromagnetiche. Ebbene, già da tempo sappiamo che lo spazio è molto di più; in un certo senso ha una sua "sostanza". Sostanza che si deforma, ad esempio al passaggio delle OG. Come un lenzuolo che sbattiamo tenendolo ai due capi.

Non solo, come dice la parola "gravitazionale", queste onde, alterando lo spazio, ne alterano le informazioni gravitazionali; e tali informazioni possono viaggiare nello spazio e nel tempo, in teoria all'infinito, senza essere modificate. Per dirne una: le OG possono, ad esempio, passare attraverso porzioni di spazio impenetrabili alla luce.

Altra cosa interessante: a quanto pare le OG trovate da LIGO si muovono alla velocità della luce, perché non ci sono masse associate e perché, nel vuoto, luce e gravità viaggiano alla stessa velocità. Ma le informazioni trascinate dalle OG sono, sempre in teoria, molto più affidabili di quelle delle onde elettromagnetiche, perché tutto è soggetto alla gravità, mentre, ad esempio, l'elettromagnetismo agisce solo su corpi dotati di carica. Quindi (è un esempio inventato, ma abbastanza calzante) se dovessimo usare le OG invece delle onde elettromagnetiche per fare telecomunicazioni, potremmo non avere più il problema della "mancanza di copertura" per il nostro telefono cellulare quando siamo in casa, perché le OG non vengono arrestate da niente, anche se alterano temporaneamente, ma di pochissimo, la forma della materia che attraversano. E viaggiano alla stessa velocità di quella delle elettromagnetiche.

Un altro regalino, inoltre, fattoci dalla rilevazione delle OG, è che ora sappiamo che i buchi neri esistono, e lo sappiamo perché li abbiamo visti distorcere lo spazio-tempo e produrre OG, cioè ci hanno inviato una cartolina da casa loro. E questo è forse uno dei risultati importanti immediati della rilevazione.

Vogliamo guardare allora al futuro e fantasticare sulle possibili applicazioni delle OG?

Innanzitutto nelle telecomunicazioni: ne ho parlato prima, e non voglio dilungarmi in dettagli, perché sarebbe solo fantasia (Ma neanche tanto).

Inoltre, e questo è vero, le OG ci forniscono un nuovo strumento per lo studio dell'Universo avendo a disposizione non solo un nuovo modo per vederlo, ma anche per ascoltarlo. "Ascoltarlo" in maniera quasi letterale, in quanto alcune OG hanno frequenze di poche migliaia di cicli, come quelle sonore. Quindi, in teoria, possiamo transcodificarle e "sentirle". Non so quanto sia utile ciò, ma sarebbe affascinante ascoltare, ad esempio all'Arena di Verona, in una serata di luglio, un "Concerto delle Stelle".

Applicazioni energetiche: le OG provocano contrazioni e rilassamenti della materia. E' vero che sono alterazioni piccole, ma abbiamo visto come in LIGO possano essere amplificate. Estrapolazione fantascientifica: Questa energia potrebbe fornire "carburante" alle astronavi interstellari che si alimenterebbero dalle fonti inesauribili generate da collassi cosmici.

Caccia di "dimensioni nascoste" nell'Universo. La caccia a queste dimensioni ha sempre affascinato i fisici, che ne hanno previsto l'esistenza in numerosi modelli teorici. Il problema di queste dimensioni aggiuntive è dato dalla loro grandezza, che è, al momento teorizzata essere di 17 ordini di grandezza più piccola rispetto a quanto misurabile dalle più avanzate tecnologie. Le OG potrebbero aiutarci nello studio di queste dimensioni, diventando loro stesse uno strumento di misurazione. Uno dei motivi è che alcune di queste dimensioni potrebbero essere accessibili solo alla forza di gravità, e quindi alle OG.

Le OG confermano la possibilità per lo spazio di incurvarsi, contrarsi, rilasciarsi. Come se fosse fatto, esso stesso, di materia.

In conclusione: già ora le OG ci sono utili per vedere (e magari ascoltare) meglio tutto quello che l'Universo nasconde, spingendoci meglio verso distanze prima inimmaginabili.

Le altre utilità descritte, come telecomunicazioni, energia propulsiva cosmica, studio delle dimensioni nascoste dell'Universo, viaggi interstellari attraverso pieghe e curvature dello Spazio, sono oggi fantasie. Devo però ricordarmi che 25 anni fa, "in 2001 Odissea nello Spazio", ritenevo fantascientifico il poter dare istruzioni vocali per la guida di un'astronave; mentre oggi tutti i nostri PC e molte autovetture dispongono di attuatori vocali.

Chissà ...!

3. LE ONDE GRAVITAZIONALI E LA MUSICA DELLE SFERE.

L'Universo ci parla e, se sappiamo ascoltarlo, ci parla in musica.

***

Per cento anni abbiamo cercato e rincorso le Onde Gravitazionali (OG per brevità).. "ora che abbiamo la conferma che esistono – mi sono detto – possiamo farle parlare; o magari suonare".

In realtà debbo confessare che, come appassionato di musica e di elettronica, ho fatto molto di più: sulla base delle informazioni passatemi dai fisici del LIGO, ho predisposto una apparecchiatura in grado di rilevare ed amplificare il suono delle OG; transcodificandole in musica.

Andiamo con ordine.

Abbiamo letto, nei vari articoli apparsi sulle OG nei giorni scorsi, che esse sono state rilevate per merito di una collisione di due buchi neri distanti 1,3 miliardi di anni luce, che hanno generato, appunto, OG.

Ma, vi siete chiesti come abbiano fatto, questi bravi fisici, a separare le OG dall'infinità di altre onde e perturbazioni che l'Universo ci invia ad ogni istante? Soprattutto se (come nel caso del LIGO) lo strumento di misurazione è ultrasensibile e la capacità di separare frequenze particolari, quindi, estremamente difficile?

Ecco come:

Per sapere meglio cosa aspettarsi, i fisici impegnati nella ricerca delle OG, hanno calcolato con grande precisione le frequenze teoriche attese per un certo numero di eventi cosmici, come l'esplosione di una supernova, la rotazione di una stella di neutroni non sferica, o la collisione tra due buchi neri. Senza queste informazioni preventive sarebbe stato come cercare un ago in un pagliaio; in questo modo, invece, i rivelatori sono stati tarati per misurare solo una certa banda di frequenze.

E qui veniamo al dunque: un risultato sorprendente è stato scoprire che certe onde gravitazionali hanno frequenze di poche migliaia di cicli al secondo. Se fossero onde sonore sarebbero udibili dall'orecchio umano; facendoci udire il suono di una stella di neutroni che ruota o quello di una galassia in spostamento. Infatti, alcuni recenti articoli sulle OG, ci hanno fatto udire "il suono delle OG" tratto dal LIGO. (Un suono molto gutturale).

Stabilito ciò, la sfida è stata quella di usare l'output sonoro del LIGO per produrre musica.

Per non interferire troppo col delicatissimo strumento (I colleghi del MIT mi avevano assolutamente raccomandato di non toccarlo) ho usato il suo output analogico, ossia l'altoparlante.

Che l'Universo sia basato su vibrazioni e che queste siano poi riconducibili a suoni è ormai qualcosa di assodato; infatti già due anni fa la NASA e i suoi scienziati, con sistemi di "data sonification" hanno prodotto file audio dai pianeti del sistema solare usando dati provenienti dal Voyager.

Ma questo non mi bastava; volevo sentire l'Universo, non solo il nostro sistema solare. E SOLO LE ONDE GRAVITAZIONALI POTEVANO AIUTARMI IN QUESTO.

Mi sono quindi accordato con i miei amici del MIT per stare un'intera notte, chiuso nei laboratori del LIGO per ascoltare tutto quello che l'Universo ci dice.

E mi è tornata a mente la MUSICA DELLE SFERE.

E' consolante infatti che la scienza moderna torni a parlare di una sorta di musica delle sfere, che accompagna l'osservazione dei cieli da qualche millennio prima di Cristo.

Già Dante nel Paradiso raccoglieva un'eredità secolare quando cantava:

> *"Quando la rota, che tu sempiterni*
> *Desiderato, a sé mi fece atteso,*
> *Con l'armonia che temperi e discerni,*
> *Parvemi tanto, allor, del cielo acceso*
> *De la fiamma del sol, che pioggia o fiume*
> *Lago non fece mai tanto disteso". (Par I, 76-81)*

E questa mistica unione di armonia prodotta dalla "*girazione*" delle sfere celesti con la luce "*onnispandente*" si ritrova in Cicerone, che a

Scipione Aureliano fa ascoltare, durante il sonno, la medesima musica, e che gli fa chiedere, stupito:

"Ma che suono è questo, così intenso e armonioso, che riempie le mie orecchie?". "È il suono", rispose, "che sull'accordo di intervalli regolari, eppure distinti da una razionale proporzione, risulta dalla spinta e dal movimento delle orbite stesse e, equilibrando i toni acuti con i gravi, crea accordi uniformemente variati; del resto, movimenti così grandiosi non potrebbero svolgersi in silenzio e la natura richiede che le due estremità risuonino, di toni gravi l'una, acuti l'altra".

Andando a ritroso le prime testimonianze che attestano l'esistenza di una musica celeste risalgono a Pitagora.

Secondo la teoria pitagorica, la stoffa dell'Universo era composta di ritmi, numeri e proporzioni; e considerando che gli intervalli musicali quali l'ottava, la quinta, la terza si potevano ottenere facendo vibrare corde le cui lunghezze erano frazioni intere della lunghezza della nota fondamentale, lo stesso si poteva dire per il cosmo come sistema armonico, i cui sette "pianeti" conosciuti (Sole, Luna e i cinque pianeti visibili) potevano essere messi in corrispondenza con le sette note naturali.

E quindi ora ci siamo: dopo millenni di astrazioni, siamo un grado di udire questa musica!

Ma per farlo bisogna interpretarla, decodificarla. Infatti quello che finora ci ha fatto udire LIGO, come proveniente dalle OG, è stato semplicemente il suono gutturale proveniente dalla collisione di due buchi neri. Questo è ciò che è stato pubblicato, ma non è tutto. L'Universo ci dice molto di più.

Ed io l'ho ascoltato. Vi spiego come:

Prima di tutto ho registrato l'output analogico di LIGO. L'ho quindi inserito nel sintetizzatore Roland V-Synth.

Questo sintetizzatore ha tre oscillatori: due che offrono una scelta di tre diversi metodi di sintesi: la modellazione analogica, le forme d'onda PCM con il campionamento degli utenti, e l'elaborazione di ingresso audio esterno; il tutto con ben 24 note di polifonia. Proprio quello che mi ci voleva!

Non solo: l'oscillatore PCM è alimentato poi dal VariPhrase per il controllo del suono completo. Con la funzione "TimeTrip" si può poi manipolare il tempo e l'aspetto di una forma d'onda in qualsiasi modo lo si desideri.

Il terzo oscillatore è esterno all'elaborazione audio, e consente di elaborare qualsiasi segnale che arriva agli ingressi analogici del V-Synth. Come quello del LIGO.

Non posso descrivere a parole la musica in uscita, e non credo che voi possiate minimamente immaginarla.

CHIARIMENTO: quello che scrivo è tutto teoricamente e rigorosamente vero. Tranne il fatto che io abbia amici al MIT e che abbia potuto inserire i rumori di LIGO nel sintetizzatore. Anche se mi piacerebbe molto…

4. IL PARADOSSO DELL'ORDINE CHE È CONTRO L'EVOLUZIONE.

Da sempre l'uomo ha pensato, con speranza, ad un ordine soprastante all'apparente caos che osserviamo in natura.

***

Dove il caos è anche rappresentato dalla nostra vita di tutti i giorni: a cominciare dalla sveglia che suona quando desideriamo che lo faccia, ma che non ci piace che lo faccia. Per passare al traffico delle città, agli incontrollabili fenomeni atmosferici, alla politica, all'economia. All'interazione uomo/donna, genitore/figlio, giovane/anziano, politicante/cittadino.

E dove l'ordine dovrebbe essere rappresentato da un insieme di sicurezza e serenità che dovrebbero, ad esempio, provenire da un traffico cittadino ben coordinato, da una politica intelligente e volta al miglioramento sociale. Da una economia fatta per farci evolvere con sicurezza. Da una famiglia che educa i figli ad essere migliori; da una scuola che educa i discepoli a diventare non solo competenti, ma inseribili al meglio nell'economia e nella società.

Sicuramente non abbiamo tutte queste cose; ma LE VOGLIAMO, tendiamo ad averle e ce la prendiamo con noi o con altri se non le abbiamo. Oppure ci arrabbiamo se non verifichiamo, comunque, una tendenza del "sistema" a noi circostante, verso l'ottenerle.

Il problema, però, è che, in linea generale, questo "sistema" tende (più o meno irreversibilmente) al disordine. Quindi, in linea di principio, non potremo mai ottenerle.

Non potremo ottenerle perché l'evoluzione dell'Universo tende verso stati a maggior disordine; a maggior, come si dice, "entropia".

Se fosse vero ciò, ed è vero secondo la scienza fisica, sicuramente per i fenomeni naturali, non potremo mai avere questo ordine. Anzi, ci sarà sempre più disordine.

Si potrebbe arguire che ciò possa valere solo per i fenomeni fisici; e potremmo cullarci pensando che (ad esempio) l'economia, la finanza, la politica, il sociale, non sono fenomeni fisici e potremmo quindi lasciarne comodamente le angustie relative agli scienziati che li studiano.

Ma ciò è ovviamente non vero, perché (ad esempio) sono fenomeni naturali anche quelli atmosferici; e sappiamo benissimo che ci toccano, e non vanno sicuramente, essi, verso un ordine controllabile.

Parimenti potremmo chiederci se economia, politica, finanza, possano essere soggette alle leggi dell'entropia, che ci dicono che ci sarà sempre più disordine. E potremmo batterci per affermare che dobbiamo ottenere sempre maggior ordine in questi tre settori e che quindi questi settori non sono, O NON VOGLIAMO CHE SIANO, soggetti alle leggi dell'entropia.

Ma sappiamo benissimo che ciò non sta avvenendo. Quindi, se dovessi essere pragmatico, e usare il metodo scientifico (sperimentale) per questi "sistemi" dovrei aspettarmi di dover studiare sistemi economici, politici, finanziari, sempre più disordinati. Dove il disordine è la regola; anche per essi. Di più: dove il disordine sarà sempre maggiore.

Volendo però approfondire meglio i concetti fisici dell'entropia riscontriamo che una miglior definizione di essi ci dice che L'entropia dei sistemi aumenta non per un'inquietante tendenza dell'universo verso il disordine, ma per una tendenza verso stati più probabili; dove `più probabili" significa ``a cui corrisponde un maggior numero di stati microscopici".

Un buon esempio di questa affermazione è quello delle pagine di un libro che, tolto ad esso il dorso, e buttate in aria le pagine, hanno poca probabilità, una volta cadute per terra, di ricomporsi nell'ordine originale. Il "caos" è molto più probabile dell' "ordine".

E, d'altra parte, non siamo noi stessi a dire che la nostra civiltà è sempre più complessa? Non facilmente riconducibile a modelli preconfezionati? Quindi dobbiamo ammettere che la nostra civiltà converge verso un disordine sempre maggiore.

Ma siamo disposti ad accettare ciò?

No: da un punto di vista filosofico, possiamo dire che il nostro potere crescente sulla natura e sulle contingenze della vita sociale e individuale ci ha prima illusi di poter tenere tutto sotto controllo e poi delusi di fronte a un'incertezza e a una finitezza persistenti, che però, a differenza di ieri, non riusciamo più ad accettare.

Mai come oggi abbiamo parlato tanto di libertà e di rischi, e mai come oggi, a tutti i livelli, abbiamo tanto desiderato la sicurezza.

L'idea che prima o poi la nostra vita finirà e che l'entropia consumerà la stessa vita dell'universo ci è sempre più insopportabile.

C'è una speranza? Forse: oggi molti ricercatori si trincerano dietro una solida argomentazione, quella secondo cui tutto ciò che esiste nel mondo è il frutto di una evoluzione dal semplice al complesso. Il che implica, per molti di loro, un affronto sistematico del particolare, una specializzazione sempre più sofisticata delle conoscenze.

Questo modo di orientarsi non è in sé sbagliato, ma rischia di diventarlo ogniqualvolta si perde il senso dell'insieme, la globalità del reale, che per forza di cose va colto nella sua essenzialità.

La speranza, quindi, è di essere capaci, in un futuro, di vedere l'Insieme e non solo il Particolare. Di essere capaci non solo di frazionare e studiare i particolari, ma di ricomporli in un insieme unico; stando attenti a tutte le variabili, come un giocatore di scacchi.

Tenendo però presente ciò che diceva Isaac Asimov: "Nella vita, a differenza che negli scacchi, il gioco continua anche dopo lo scaccomatto".

5. CON LA TECNOLOGIA POSSIAMO MODIFICARE IL PASSATO E IL PRESENTE?

Sono possibili i viaggi nel tempo? E' possibile andare nel futuro o tornare nel passato? E' possibile modificare il passato, e, quindi, anche il presente?

Per molti questi pensieri sono un'utopia: ci piacerebbe viaggiare nel tempo, ma sappiamo, ragionevolmente, che non è possibile. Ragionevolmente….

***

Ebbene, secondo la fisica, non tutte le speranze sono perdute. Non è, in prima approssimazione, inverosimile che si possa andare nel passato (per il futuro ci stiamo attrezzando…). Vediamo perché.

E' ovvio pensare che il tempo debba andare in una sola direzione: dal passato al futuro. Il caffè mescolato al latte forma un liquido color nocciola, ma non vediamo mai il caffè separarsi dal cappuccino e lasciare da parte il latte, no? Le uova che cadono al suolo si spiaccicano; ma non avviene mai che da uova spiaccicate torni a formarsi un uovo.

Queste sequenze comuni di eventi, come molte altre, si verificano sempre in un senso, mai al contrario; e ci danno il senso del prima e del dopo. Anzi, ci danno IL concetto apparentemente universale del prima e del dopo.

E definiscono il senso della cosiddetta FRECCIA TEMPORALE, che, secondo i "digiuni" di fisica, va in una sola direzione; in avanti, e mai indietro. Obbligatoriamente!

Ma se fosse così, dicono i fisici, dovremmo allora aspettarci che sia stata trovata una legge fisica sensata, che giustifichi il moto dell'uovo intero solamente verso quello spiaccicato e ne proibisca il senso inverso. Una legge simile sarebbe infatti in grado di spiegare la freccia temporale che va solo in avanti.

E invece il fatto sorprendente è che finora nessuno l'ha mai trovata. Al contrario, a partire da Newton, sino ad arrivare a Maxwell, a Einstein e ai giorni nostri, tutte le leggi formulate denotano una SIMMETRIA (tenete a mente questa parola) totale tra passato e futuro. Nessuna di queste leggi funziona se la si vuole forzare ad essere applicata in una sola direzione. Anche se l'esperienza ci conferma di continuo che esiste una freccia temporale che va in avanti che governa gli eventi, nelle leggi fondamentali della fisica questa cosa sembra non esistere.

La questione è ancora più sconcertante di quanto appaia. Contrariamente alle esperienze che facciamo nella vita quotidiana, le leggi note della fisica, infatti, sostengono, in realtà, che il cappuccino si può separare in caffè nero e latte. Tutte le leggi fisiche note, infatti, rispettano la cosiddetta SIMMETRIA per inversione temporale; in base alla quale, se una sequenza di eventi può svolgersi in un ordine temporale (latte che si mischia al caffè), può verificarsi anche in quello contrario (latte che si separa dal caffè).

Quindi le leggi fondamentali, non solo non ci spiegano perché vediamo gli eventi verificarsi unicamente in un senso, ma ci rivelano che, in teoria, questi potrebbero anche svolgersi in senso contrario.

Gli scienziati si sono scervellati per anni su questo tema, e hanno persino cercato aiuto nell'ENTROPIA. Di cui mi piace parlarvi brevemente.

Incisa su una lapide di Zentralfriedhof di Vienna, accanto alla lapide di Beethoven, Brahms, Schubert e Strauss c'è la scritta S = KlogW, espressione matematica dell'Entropia. La lapide orna la tomba di Ludwig Boltzmann, uno dei fisici più insigni vissuti a cavallo tra Ottocento e Novecento. Scienziato sfortunato: pochi mesi dopo la sua morte cominciarono ad arrivare le conferme sperimentali delle idee che aveva elaborato e difeso per tutta la vita.

Mi piace parlarvi dell'Entropia perché è un concetto che porta a deduzioni inaspettate e sorprendenti riguardo alla freccia del tempo. E' interessante anche sapere che i concetti di Entropia furono inizialmente sviluppati durante la rivoluzione industriale da scienziati che studiavano le fornaci e i motori a vapore e contribuirono così alla nascita della TERMODINAMICA. Ed è interessante pensare che, in fondo, la Termodinamica si può considerare come la culla delle scienze atomiche e, in generale, quantistiche. E ciò perché, soprattutto per merito di Boltzmann, che ricorre al ragionamento statistico per stabilire un legame tra le proprietà macroscopiche di un sistema fisico e quelle degli elementi microscopici che lo compongono. In ultima analisi atomi e particelle.

Orbene, come dicevo, per aiutarci a spiegare il PERCHE' LA FRECCIA TEMPORALE VIAGGIA IN UN SOLO SENSO, ALCUNI FISICI HANNO PROVATO A CHIEDERE AIUTO ALL' "ENTROPIA". Ma si sono trovati con un pugno di mosche: infatti non solo l'Entropia spiega la freccia temporale in avanti; ma spiega anche quella indietro! Roba da pazzi!

Cercherò di illustrare in parole povere: l'ENTROPIA è la quantità di "disordine presente nell'universo", ed è ovvio che ci siano molti modi per essere disordinati, ma molto pochi per essere ordinati.

Se ad esempio buttiamo in aria, dopo averle strappate, le pagine di un libro, quando saranno per terra ci saranno molte più probabilità che si adagino in modo disordinato, invece che nell'ordine (unico) in cui era stato scritto.

La spiegazione del verso della freccia del tempo, che danno i fisici chiedendo soccorso all'ENTROPIA, quindi, è che gli eventi vanno sempre nella direzione di entropia più alta perchè sarà più facile per un uovo spappolarsi per terra che, una volta caduto da terra, riformarsi come uovo nella forma originale. Ciò in quanto ci sono moltissimi modi per spappolarsi per terra e solo uno per tornare alla forma originale.

Il concetto di entropia, però, è un concetto statistico, e ci aiuta solo parzialmente, in quanto la freccia dell'entropia non è del tutto rigida; infatti la definizione del tempo è abbastanza flessibile da ammettere che i processi possano verificarsi anche al contrario, ciò in quanto la legge non proibisce assolutamente la rara eventualità che le pagine del libro ricadano in posizione ordinata. Addirittura, grazie alla statistica matematica, la seconda legge della termodinamica esprime con precisione il grado di improbabilità che le pagine cadano in disordine.

E ammette, quindi, che possa verificarsi il caso che cadano in perfetto ordine: la probabilità che possano farlo cioè diversa da zero.

Torniamo a noi: quindi le leggi dell'entropia possono spiegare la "freccia del tempo"?

Assolutamente no, anzi complicano di molto il ragionamento e arrivano a conclusioni quasi opposte.

Lo complicano perché il ragionamento utilizzato per dimostrare che nel futuro si passerà da una condizione di bassa entropia a uno di entropia più alta VALE ANCHE PER IL PASSATO! Cioè, non solo vi sono probabilità molto elevate che l'entropia di un sistema fisico sia maggiore in quello che chiamiamo futuro, ma che lo stesso avvenga in quello che chiamiamo passato. Le leggi non ci danno alcun orientamento temporale e quindi LA FRECCIA TEMPORALE DATA DALL'ENTROPIA E' BIDIREZIONALE; IN QUALSIASI MOMENTO E' ORIENTATA VERSO IL FUTURO E VERSO IL PASSATO. Ed è per tale ragione che appare strano proporre l'entropia come giustificazione della freccia unidirezionale del tempo.

Caro Boltzmann, con tutto il rispetto, non ci siamo; la tua Entropia mi giustifica la metà del mio ragionamento (freccia in avanti), ma mi informa anche che la freccia del tempo può andare a ritroso: quindi io posso, secondo questo ragionamento, andare nel passato?

E, potremmo arguire: è giusto fidarci della matematica anche se questa va contro la ragionevolezza di quello che sappiamo? Di quello che vediamo?

Ebbene, secoli di indagini scientifiche hanno dimostrato che la matematica rappresenta un linguaggio oggettivo per descrivere l'Universo, al di là delle nostre percezioni. Molti sono i casi di previsioni matematiche, apparentemente in conflitto con le nostre intuizioni ed esperienze (buchi neri, antimateria, entanglement, e molto altro). I fisici hanno ormai capito che la matematica, se usata con attenzione, è uno strumento sicuro per giungere alla verità.

Proseguiamo quindi nel nostro cammino affidandoci alla matematica e chiudendo gli occhi sulle percezioni.

Gli insegnamenti fondamentali della Termodinamica ci dicono che i sistemi fisici hanno una tendenza marcata a trovarsi in situazioni di alta entropia. Una volta acquisite queste configurazioni, essi presentano una tendenza marcata a mantenerle.

Quindi, deduciamo, l'Entropia elevata è la condizione naturale dell'Essere. Non ce ne dovremmo mai sorprendere, né dovremmo sentirci in dovere di spiegare perché accada: tali stati sono nella norma delle leggi fisiche!

Quello che viceversa va spiegato è perché un determinato sistema fisico si trovi in uno stato di ordine, di bassa entropia, che non è assolutamente nella norma: anche se può verificarsi, in realtà questa possibilità è remotissima!

Ed è qui che casca l'asino; e il mistero permane. Perché l'unica cosa che la matematica dell'Entropia ci può dire è che all'inizio dell'Universo c'era un ordine assoluto, con un'entropia bassissima. Che giustificherebbe il verso della Freccia Temporale verso il futuro con lo stato di entropia sempre maggiore di questo futuro. La freccia temporale, quindi, è stata scoccata quindi nello stato molto ordinato di bassa entropia dell'Universo Primordiale. Il che non ci dice cosa ci fosse prima dell'inizio; ammesso che ci interessi.

E non risolve comunque il problema di farci capire se la freccia temporale può funzionare al contrario.

Ma questo finché si ragiona in termini di fisica classica; con la fisica quantistica i discorsi cambiano.

Infatti, quando pensiamo a qualcosa come il tempo, ci è impossibile prescindere dal linguaggio comune; però le esperienze della vita comune sono "classiche"; perché, con un alto grado di precisione si accordano con le leggi elaborate da Newton più di tre secoli fa.

Ma, fra tutte le scoperte avvenute in campo fisico negli ultimi cent'anni, la meccanica quantistica è la più sorprendente proprio perché mina l'intero schema concettuale della fisica classica e, con esso, il grado di affidamento che diamo alle nostre esperienze e alle nostre percezioni. Gli esperimenti della fisica quantistica ci dimostrano che il nostro mondo è governato da queste leggi quantistiche scoperte nel Novecento, non da quelle classiche di Newton, Maxwell, Einstein; delle quali però continuiamo a servirci come approssimazioni utili per descrivere eventi della vita "normale". Quando parliamo di spazio-tempo, in realtà, ci siamo accorti che le leggi classiche non funzionano bene.

Ebbene, mentre nella visione classica tutti gli istanti sono uguali, e quindi tutti gli eventi del passato possono essere descritti con lo stesso linguaggio, nella fisica quantistica, no. La fisica quantistica spiega in modo abbastanza soddisfacente gli eventi spazio-tempo; al prezzo però di cambiare drasticamente la visione del passato (e del futuro).

Addentriamoci nelle spiegazioni quantistiche dello spazio-tempo.

Richard Feynman, uno dei fisici più creativi del Novecento e premio Nobel, ha elaborato una teoria innovativa, rivoluzionaria, ma legittima. La teoria delle somme dei cammini.

Questa teoria ci dice che, mentre per la fisica classica il presente ha un passato univoco, nella meccanica quantistica il presente osservato non è che un'amalgama, una sorta di media di tutti i passati compatibili con ciò che osserviamo.

Ma non è tutto, nel 1980 l'illustre fisico John Wheeler dimostrò una cosa che può apparire strana: ossia che il passato dipende dal futuro.

In ambito psicologico riscrivere o reinterpretare il passato è un fatto comune: il nostro raccontare il passato è quasi sempre influenzata dalle esperienze del presente. Ma ci aspetteremmo che la fisica sia un campo obbiettivo e oggettivo. Il che non è, come tutti coloro che masticano un po' di fisica quantistica sanno; e sanno quanto la funzione dell'osservatore comunque influenzi il presente; il che non esclude, pertanto, che possa influenzare il passato nella scelta dei cammini possibili.. Wheeler dimostrò questo con l'esperimento della "scelta ritardata", effettuato su fotoni, che provò come essi si comportassero come se prevedessero la condizione sperimentale che avrebbero incontrato a valle dell'esperimento, e agissero di conseguenza.

E' come se una storia definita e coerente si manifesti solo dopo che il futuro cui porta è stato stabilito.

Il che lascia spazio a innumerevoli congetture filosofiche riguardanti una possibile esistenza di predestinazione e di possibili variabili del nostro futuro.

Come abbiamo visto, nella meccanica quantistica la realtà è ibrida, confusa, incerta, composta di più alternative, di cui solo una si realizza. E ricordiamo che gli esperimenti della fisica quantistica ci dimostrano che il nostro mondo è governato da queste leggi quantistiche scoperte nel Novecento, non da quelle classiche.

Il che solleva degli interessanti interrogativi: se non posso "ancora" viaggiare indietro nel tempo, posso allora almeno cambiare qualcosa che è già accaduto? O cancellarne le conseguenze sul presente?

Per ora, purtroppo, non vi sono risposte.

6. LA MATERIA OSCURA DELL'UNIVERSO: UNO DEI GRANDI MISTERI DELLA FISICA.

La maggior parte dell'Universo Conosciuto è composto da una materia di cui non si sa niente.

***

Si, avete capito bene: anche se le scoperte astrofisiche sono avanzatissime, ciononostante appare che siamo circondati da una MATERIA (E DA UNA ENERGIA) DI TIPO SCONOSCIUTO E NON RILEVABILE DAGLI STRUMENTI E CON LE METODOLOGIE CHE CONOSCIAMO: LA MATERIA OSCURA.

La storia iniziò nel 1917 quando i fisici scoprirono che, per qualche ragione, l'Universo aveva smesso di decelerare e stava accelerando. Strano, no? E' come quando tiriamo una palla verso il cielo: si innalza fino ad un certo punto, e poi discende con velocità sempre maggiore.

Infatti, fino a circa 7 miliardi di anni dopo il "big bang" l'universo stava decelerando nella sua espansione, si stava comprimendo; dopodiché, si scoprì che, arrivato ad un certo punto, aveva invertito il senso e aveva cominciato ad espandersi, aumentando sempre più la velocità di espansione: 8 miliardi di anni dopo la velocità di espansione era più grande e 1 miliardo di anni dopo ancora più grande; e così via.

I fisici si aspettavano una continua decelerazione dell'espansione e si sono invece trovati con una sorprendente accelerazione della stessa.

La deduzione che ne trassero è che possa essere esistito e che esista, nella densità della materia dell'universo, un punto di DENSITA' CRITICA (per capirci: es. numero di pianeti per miliardo di chilometri cubici) raggiunto il quale le cose si bilanciano; in cui attrazione e repulsione si compensano. In altre parole: l'Universo si è compresso per 7 miliardi di anni , fino a raggiungere la densità critica, per poi ricominciare ad espandersi.

Ma cos'è questo "punto di densità critica", si chiesero? Come lo si rappresenta? E, soprattutto, cosa significa?

I fisici sono molto scaltri (e come sappiamo Einstein è stato uno dei più grandi fisici) : quando trovano un buco inspiegabile in un modello matematico che tenta di descrivere un fenomeno, si inventano spesso delle "costanti". Delle costanti matematiche. Come a voler dire: "questa formula ha un buco matematico inspiegabile; vabbè, allora chiamiamo questo buco una "costante" e lasciamo ai posteri gli approfondimenti". (I colleghi fisici mi perdoneranno se sono stato molto impreciso, superficiale e forse irriverente in questa descrizione; ma le cose possono apparire così. E poi ho fretta di arrivare al punto).

Infatti, Einstein, non riuscendo bene a spiegare la sorprendente inversione dell'accelerazione dell'universo, si inventò la "costante cosmologica". Ma la cosa buffa è che, alla fine degli anni novanta, un simile ragionamento, combinato con l'analisi accurata dei dati osservati, fece concludere al cosiddetto

Gruppo di Perlmutter, che forse Einstein non aveva avuto torto, ottant'anni prima, quando aveva introdotto la sua costante cosmologica, anche se il suo valore, come elaborato da Einstein, appariva errato. Sembrava comunque proprio che l'Universo ne abbia (o ne abbia avuto) una.

Tra l'altro, nonostante il dettaglio del valore errato, se le ipotesi di questi astronomi si trovassero fondate anche per il futuro, Einstein, ancora una volta si troverebbe ad essere un grande trionfatore.

Ma non è questo il punto: il discorso della costante cosmologica ha portato i fisici a delle deduzioni a dir poco sorprendenti; direi rivoluzionarie, che ci portano a ragionare sulla MATERIA OSCURA.

I ricercatori del gruppo suddetto, infatti, cercarono di lavorare su un modello più piccolo di esplosione dell'universo: una supernova. Come tutti sanno, infatti, una supernova è una stella che esplode, e, come tale, diventa visibile da distanze da cui prima non veniva osservata (gli antichi le chiamavano stelle nuove, novae).

Si misero quindi ad osservare se per caso la materia esplosa dalla supernova, la smettesse, ad un certo punto, di ritrarsi, e cominciasse ad espandersi.

E, con grandissima soddisfazione, incontrarono la costante cosmologica!

Con un problema però: essi riscontrarono che solamente meno del 10% della massa esplosa contribuiva alla densità critica, mentre l'altro 90% si trovava ad essere attribuito ad una energia ignota, formata da una massa ignota. Una massa inaspettata e non rilevabile assolutamente.

Pensate quanto sensazionale fosse la scoperta. La realtà è che, oltre che sensazionale, la scoperta era molto imbarazzante: avevano scoperto qualcosa che sicuramente esisteva, ma non sapevano cosa fosse! Immaginate la loro faccia: avevano verificato che la costante cosmologica esisteva ed era ben quantificata; il problema è che di questa quantificazione potevano giustificarne solo il 10%. Nel 2001 al New York Times, Bruce H. Margon, astronomo all'Università di Washington: dichiarò : "È una situazione alquanto imbarazzante dover ammettere che non riusciamo a trovare il 90% dell'Universo. »

I ricercatori cercarono di rappezzare l'impatto negativo; e, quasi ammettendo la loro impotenza, (e secondo me ricordando la saga di Guerre Stellari) con grande fantasia chiamarono la massa sconosciuta MATERIA OSCURA.

Il bello è che il 90% di questa Materia Oscura è ovviamente tanto! Se davvero le cose stessero così saremmo in una situazione bizzarra: la materia ordinaria che conosciamo, contribuisce alla densità dell'universo in maniera infima, e tutto il resto della massa/energia presente nell'universo è dovuta ad una misteriosa e del tutto DIVERSA ENERGIA OSCURA, che è distribuita in maniera uniforme nello spazio. (Le più recenti misure indicano che la materia oscura costituisce circa l'86% della massa dell'universo e circa il 26% della sua energia).

Approfondiamo un attimo: inizialmente essa veniva indicata come "massa mancante", ma questa definizione è impropria; infatti la materia non manca, perché ne sono osservabili gli effetti gravitazionali della sua massa. Però questa materia non emette alcuna radiazione elettromagnetica e non risulta pertanto individuabile dagli strumenti di analisi spettroscopica, da cui l'aggettivo "oscura". Il termine massa mancante può quindi essere fuorviante, dato che non è la massa a mancare, ma solo la sua "luce". Il che rende il discorso ancora più misterioso. Perché sappiamo che questa massa esiste, perché ne vediamo gli effetti, ma non sappiamo osservarla, rilevarla; e sapere di cosa sia fatta.

Per proseguire però con l'analogia di Guerre Stellari, abbiamo anche un CACCIATORE DI MATERIA OSCURA; è l' Ams (Alpha Magnetic Spectrometer) installato dal 2011, dal CERN, all'esterno della Stazione Spaziale Internazionale. La sapete l'ultima? ANSA In Aprile ci rivelava che questo "cacciatore aveva ricevuto strani segnali". Ovviamente il mistero si infittisce. Anche perché Vinu Vikraman, ricercatore presso lo US Department of Energy's Argonne National Laboratory e co-autore di un recente studio afferma: «Non sappiamo che cosa sia realmente la materia oscura né siamo in grado di localizzarla direttamente" (Notiziario Istituto di Astrofisica, 16 luglio 2015).

Le deduzioni? Come dicevo sono rivoluzionarie, e uccidono in maniera definitiva la visione copernicana: non solo la Terra non è al centro dell'Universo, ma la materia stessa di cui siamo fatti e che conosciamo, sarebbe poco più di un'impurità poco diffusa nel cosmo.

Se nel progetto generale dell'Universo, si fossero lasciati da parte protoni, neutroni, elettroni, cellule, per arrivare ad oggetti inanimati ed esseri viventi, la sua massa totale sarebbe diminuita di poco.

Un'ultima chicca a corollario: se l'Universo continua ad espandersi con questa accelerazione, tra circa 100 miliardi di anni tutte le galassie saranno spinte via dallo spazio ad una velocità pari a quella della luce, e quindi saranno (v. Brian Greene – 2006) fuori dalla portata delle nostre osservazioni. Se queste ipotesi sono corrette, nel futuro l'universo sarà un posto immenso, vuoto e solitario. Dove andrà tutta questa materia non è dato saperlo. Per ora.

7. LA BATTAGLIA PER CHI HA RAGIONE NELL'UNIVERSO

> *I fisici hanno passato decenni a cercare di conciliare due teorie molto diverse. Ma sta forse per emergere il vincitore, che sta per trasformare la nostra comprensione di tutto, dal tempo alla gravità.*

***

Ciò che sta per accadere, quindi, potrebbe essere nientemeno che una terza rivoluzione nella fisica moderna, con implicazioni sconcertanti. Potrebbe dirci da dove vengono le leggi della natura e se il cosmo è costruito sull'incertezza o se è fondamentalmente deterministico, con ogni evento legato in modo definitivo a una causa.

Al momento i fisici hanno due libri di regole, molto separati, che spiegano come funziona la natura. Quello della relatività generale, che descrive magnificamente la gravità e tutte le cose che domina: i pianeti orbitanti, le galassie in collisione, le dinamiche dell'universo in espansione nel suo complesso. E poi c'è quello della meccanica quantistica , che gestisce le "cose molto piccole" e le quattro forze: l'interazione gravitazionale, l'interazione elettromagnetica, l'interazione nucleare debole e l'interazione nucleare forte.

La relatività e la meccanica quantistica sono teorie fondamentalmente diverse che hanno diverse formulazioni. Ma non è solo una questione di terminologia scientifica; è uno scontro di descrizioni incompatibili tra loro e con la realtà che osserviamo; nel modo seguente. Nella relatività generale, gli eventi sono continui e deterministici, nel senso che ogni causa corrisponde a uno specifico effetto locale. Nella meccanica quantistica, gli eventi prodotti dall'interazione delle particelle subatomiche avvengono in salti (salti quantici), con risultati probabilistici piuttosto che definiti. Si noti: le regole quantistiche consentono connessioni istantanee, proibite dalla fisica classica; in un certo senso "più veloci della luce". Ciò è stato dimostrato in un recente esperimento in cui i ricercatori olandesi hanno dimostrato che due particelle - in questo caso elettroni - potevano influenzarsi reciprocamente all'istante, anche se erano molto distanti (entanglement quantistico).

Recentemente il dibattito è entrato in una nuova, intrigante e imprevedibile, fase. Due fisici importanti hanno messo in campo posizioni estreme nei due temi, conducendo esperimenti che potrebbero finalmente stabilire quale approccio sia quello valido.

Craig Hogan, astrofisico teorico all'Università di Chicago e direttore del Center for Particle Astrophysics presso il Fermilab, sta reinterpretando il lato quantistico della questione con una nuova teoria in cui le unità quantistiche dello spazio stesso potrebbero essere abbastanza grandi per essere studiate direttamente. Nel frattempo, Lee Smolin, membro fondatore del Perimeter Institute for Theoretical Physics di Waterloo, in Canada, sta cercando di spingere in avanti la fisica tornando alle radici filosofiche di Einstein e estendendole in una nuova direzione.

Hogan, campione della visione quantistica, afferma :"Poichè lo scontro tra relatività e meccanica quantistica si verifica quando si tenta di analizzare ciò che la gravità fa su distanze estremamente brevi, allora dobbiamo sfidare la "continuità dello spazio".

Spiego meglio: un'assunzione di base nella fisica di Einstein è che lo spazio sia continuo e infinitamente divisibile, in modo che ogni distanza possa essere ridotta, sempre, a distanze ancora più piccole; all'infinito. Hogan propone dubbi su ciò. Proprio come un pixel è la più piccola unità di un'immagine sullo schermo e un fotone è la più piccola unità di luce, egli sostiene, quindi potrebbe esserci un'unità indivisibile di distanza più piccola: un quanto di spazio.

Dalla fine degli anni '60, un gruppo di fisici e matematici ha sviluppato una struttura chiamata teoria delle stringhe per cercare di riconciliare la relatività generale con la meccanica quantistica; e nel corso degli anni, questa teoria si è evoluta fino ad essere considerata quella di default, che è la meno peggio, perché non è riuscita a mantenere gran parte delle sue promesse iniziali. Ma, se avesse ragione Hogan riguardo alla "spezzettatura in quanti" dello spazio, ciò eliminerebbe molte delle attuali formulazioni della teoria delle stringhe e ispirerebbe un nuovo approccio alla riformulazione della relatività generale in termini quantici.

Suggerirebbe nuovi modi per comprendere la natura intrinseca dello spazio e del tempo. E il più strano di tutti: rafforzerebbe l'idea che la nostra realtà apparentemente tridimensionale sia composta da unità più elementari e bidimensionali. Hogan prende sul serio la metafora del "pixel": proprio come un'immagine televisiva può creare l'impressione di profondità da un mucchio di pixel piatti, egli suggerisce, così lo stesso spazio potrebbe emergere da una collezione di elementi che agiscono come se esistessero solo due dimensioni.

Come molte idee estreme della fisica teorica odierna, le speculazioni di Hogan possono sembrare sospettosamente simili al filosofare a tarda notte nel dormitorio delle matricole universitarie. Ciò che le rende drasticamente diverse, però, è che Hogan ha intenzione di metterle sotto una dura prova sperimentale.

A partire dal 2007, Hogan ha iniziato a pensare a come costruire un dispositivo in grado di misurare la "granulosità" dello spazio. Nel giro di due anni Hogan ha messo insieme una proposta sperimentale e collabora oggi con il Fermilab, dell'Università di Chicago per costruire una macchina per la rilevazione di "pezzi di spazio", che lui definisce elegantemente un "holometer". (Il nome è un gioco di parole esoterico, che fa riferimento a uno strumento di rilevamento del XVII secolo e alla teoria secondo cui lo spazio 2D potrebbe apparire tridimensionale, analogo a un ologramma.)

L'olometro è tecnologicamente poco più di un raggio laser, uno specchio semiriflettente per dividere il laser in due fasci perpendicolari e altri due specchi per far rimbalzare quei raggi lungo un tunnel lungo 40 metri. I supporti agli specchi sono calibrati per registrare le posizioni precise degli specchi. La quantità della discrepanza dei fasci rivelerebbe la scala dei pezzi di spazio da ricercare.

Per la scala dei pezzi di spazio che Hogan spera di trovare, ha bisogno di misurare le distanze con una precisione di 10 elevato alla -18 metri, circa 100 milioni di volte più piccola di un atomo di idrogeno, e raccogliere i dati ad una velocità di circa 100 milioni di letture al secondo. Sorprendentemente, un tale esperimento non è solo possibile, ma realizzabile in maniera abbastanza economica. "Siamo stati in grado di farlo abbastanza a buon mercato a causa dei progressi della fotonica, di molte parti pronte all'uso, dell'elettronica veloce e di cose del genere", afferma Hogan. "È un esperimento piuttosto speculativo; quindi non lo avresti fatto a meno che non fosse stato economico." L'olometro al momento sta ronzando, raccogliendo i dati; ci si aspetta di avere letture preliminari entro la fine dell'anno.

In direzione totalmente diversa, viaggia Smolin. Smolin ritiene che l'approccio alla fisica su piccola scala (quello di Hogan) sia intrinsecamente incompleto. Le versioni correnti della teoria dei campi quantici fanno un buon lavoro spiegando come si comportano le singole particelle o i piccoli sistemi di particelle, ma non tengono conto di ciò che è necessario per avere una teoria del cosmo nel suo complesso. Essi non spiegano perché la realtà è come la vediamo.

Un percorso più fruttuoso, egli suggerisce, è considerare l'universo come un unico enorme sistema e costruire un nuovo tipo di teoria che possa applicarsi all'intera cosa. In realtà abbiamo già una teoria che fornisce una buona struttura per tale approccio: la relatività generale. A differenza della teoria quantistica, la relatività generale non prevede ci sia posto per un osservatore esterno o un orologio esterno, perché non esiste un "fuori". Invece, tutta la realtà è descritta in termini di relazioni tra oggetti e tra diverse regioni dello spazio. Anche qualcosa di fondamentale come l'inerzia, come vedremo poi, può essere pensata come connessa al campo gravitazionale di ogni altra particella nell'universo.

Quest'ultima affermazione è talmente strana che vale la pena soffermarsi un attimo e considerarla più da vicino. Vediamo cosa accadrebbe se l'universo fosse completamente vuoto tranne che per due astronauti. Uno di loro sta girando, l'altro è fermo. Ma quale dei due sta girando? Dalla prospettiva di ognuno dei due astronauti, l'altro è quello che gira. Senza alcun riferimento esterno, sostenne Einstein, non c'è modo di dire quale visione sia corretta, e nessuna ragione per cui si debba percepire un effetto diverso da quello che l'altro sperimenta.

La distinzione tra i due astronauti ha senso solo quando reintroduci il resto dell'universo. Nell'interpretazione classica della relatività generale, quindi, l'inerzia esiste solo perché è possibile misurarla contro l'intero campo gravitazionale cosmico. Ciò che è vero in quel pensiero è valido per ogni oggetto nel mondo reale: il comportamento di ciascuna parte è inestricabilmente correlato a quello di ogni altra parte.

"La relatività generale non è una descrizione di sottosistemi. È una descrizione dell'intero universo come un sistema chiuso ", dice Smolin. Se i fisici stanno cercando di risolvere lo scontro tra relatività e meccanica quantistica, quindi, sembra una strategia intelligente per loro seguire la guida di Einstein e andare a cercare la soluzione nel "più grande possibile". (e non nel "più piccolo") .Infatti l'idea di Smolin è che il pensiero riduzionistico su piccola scala (quello di Hogan) sia il modo sbagliato per risolvere i grandi enigmi.

Ciò che vogliamo sapere - ciò che tutti noi vogliamo sapere - è il motivo per cui l'universo è così com'è. Perché il tempo va avanti e non indietro. E come noi siamo finiti qui, con queste leggi e questo universo; non molto altro. La meccanica quantistica non risponde a queste domande.

L'attuale mancanza di qualsiasi risposta significativa a queste domande rivela "qualcosa di profondamente sbagliato nella nostra comprensione della teoria dei campi quantici", dice Smolin. "La lezione della relatività generale, ancora e ancora, è il trionfo del relazionalismo", dice Smolin. "Il modo più probabile per ottenere le risposte più grandi è impegnarsi con l'universo nel suo insieme".

E il vincitore è?

Se si voleva scegliere un arbitro nel dibattito, non si poteva individuare persona migliore di Sean Carroll, esperto di cosmologia, teoria dei campi e fisica gravitazionale al Caltech di Pasadena. Egli conosce bene la relatività, e conosce bene la meccanica quantistica (e ha anche un sano senso dell'assurdo). Carroll assegna la maggior parte dei punti della contesa al lato quantico. "Molti di noi in questo gioco credono che la meccanica quantistica sia molto più fondamentale della relatività generale", dice. Questa è stata la visione prevalente fin dagli anni '20, quando Einstein cercò, e più volte fallì, nel trovare difetti nelle previsioni controintuitive della teoria dei quanti. Il recente esperimento olandese di "entaglement", che dimostra una connessione quantica istantanea tra due particelle ampiamente separate, è il tipo di evento che Einstein derise come non realizzabile, definendolo come "azione spettrale a distanza"; mentre le prove oggi dimostrano che tanto spettrale non è.

Prendendo una visione più ampia, il vero problema non è la teoria della relatività generale contro quella quantistica, spiega Carroll, ma la dinamica classica contro la dinamica quantistica. La relatività, nonostante la sua stranezza percepita, è classica nel modo in cui considera causa ed effetto; la meccanica quantistica sicuramente non lo è. Einstein era ottimista sul fatto che alcune scoperte più profonde avrebbero scoperto una realtà classica e deterministica che si nascondeva dietro la meccanica quantistica, ma nessun ordine simile è stato ancora trovato.

La dimostrata realtà di un'azione "spettrale" a distanza sostiene che tale ordine non esiste.

Indipendentemente da come le teorie si svilupperanno, la grande scala è comunque, inevitabilmente, importante; perché è il mondo in cui abitiamo e osserviamo. In sostanza, l'universo nel suo insieme deve essere la risposta finale; e la sfida per i fisici è magari trovare i modi per farlo emergere dalle loro equazioni quantiche. Anche se Hogan ha ragione, i suoi frammenti spaziali devono passare alla realtà che viviamo ogni giorno. Anche se Smolin ha torto, c'è un intero cosmo là fuori con proprietà uniche che devono essere spiegate; qualcosa che, almeno per ora, la fisica quantistica fa abbastanza bene; ma non completamente. E forse da sola non potrà mai dare la risposta finale.

Spingendo i limiti della comprensione: Hogan e Smolin stanno aiutando il campo della fisica a fare questa connessione. Lo stanno spingendo verso la riconciliazione non solo tra la meccanica quantistica e la relatività generale, ma tra idea e percezione. La prossima grande teoria della fisica porterà indubbiamente a una nuova e bella matematica e a nuove tecnologie inimmaginabili oggi.

Ma la cosa migliore che può fare è creare un significato più profondo che ricolleghi tutto ciò a noi, gli osservatori; che, in fondo, siamo la scala fondamentale dell'universo. O così almeno crediamo.

Detto ciò, apparirebbe che la meccanica quantistica sia molto vicina allo spiegarci Tutto. Ma, se avete avuto la pazienza di leggere fin qui, nel prossimo paragrafo vi racconterò come molti fisici pensino che la meccanica quantistica sia una "balla pazzesca".

8. LA MECCANICA QUANTISTICA È UNA BALLA PAZZESCA?

Un giornalista chiede a un gruppo di fisici: "Qual è il significato della violazione della disuguaglianza di Bell?" Un fisico risponde: "Significa che la non località è un fatto accertato". Un altro dice: "Non c'è non-località; il messaggio è che i risultati della misurazione sono irriducibilmente casuali". Un terzo dice: "Non si può rispondere semplicemente con ragioni puramente fisiche: la risposta richiede un atto di giudizio metafisico". *Sconcertato dalle risposte, il giornalista continua a porre domande sulla teoria quantistica: "Che cosa è teletrasportato nel teletrasporto quantico?" "Come funziona davvero un computer quantistico?" Incredibilmente, per ciascuna di queste domande, il giornalista ottiene una varietà di risposte che, in molti casi, si escludono a vicenda.*

***

Immaginate che gli astronomi non credano davvero che la Terra orbiti attorno al sole ; anzi, che affermino che non possiamo veramente sapere se il sole orbiti attorno alla Terra o no. Sarebbe assurdo; nessuno scienziato rispettabile potrebbe mai sognarsi di fare affermazioni simili a questa.

Tranne quando si tratta della teoria più potente della storia della fisica: la meccanica quantistica. Più di un secolo dopo la sua nascita, la meccanica quantistica, la fisica di atomi, fotoni e altre particelle, rimane non capìta.

Anzi, capìta in modo strano.

E dire che gli esperimenti hanno ripetutamente confermato le strane visioni della teoria con una precisione fenomenale. Le tecnologie che ne derivano guidano l'economia mondiale: l'industria elettronica così come la conosciamo non esisterebbe senza la meccanica quantistica. Eppure, nonostante il dominio indiscusso della teoria e il suo significato pratico, i fisici non sono ancora d'accordo su cosa significhi o cosa dica sulla natura della realtà. E alcuni pensano, appunto, che sia una balla pazzesca.

Infatti almeno una dozzina di interpretazioni della meccanica quantistica si contendono i cuori e le menti dei fisici, ognuna con una visione radicalmente diversa della realtà. Ognuna appare come una arrampicata sugli specchi; di cui gli stessi arrampicatori sono scettici.

Ve ne do le evidenze, secondo me, più importanti.

Bohr ed Einstein litigarono; ma le sperimentazioni confermarono la confusione. La confusione risale ai primi tempi della meccanica quantistica, negli anni 1920, quando Niels Bohr si scontrò con Albert Einstein. Bohr, una figura quasi mitica nella fisica del 20 ° secolo, sosteneva che quando studiano il mondo atomico, i fisici devono rinunciare alla nozione di una realtà che esiste indipendentemente dalle proprie misurazioni. Il messaggio della meccanica quantistica affermava infatti, secondo lui, che gli atomi e tutte le altre particelle non possiedono posizioni, energie o proprietà definite fino a quando non vengono misurate in un esperimento. In altre parole, non era solo che i fisici quantistici non possano sapere quali siano le proprietà delle particelle; ma è, secondo lui, che le proprietà nascono letteralmente solo al momento della misurazione.

Einstein respinse categoricamente l'opinione di Bohr. Mentre passeggiava nel parco dell'Institute for Advanced Study all'Università di Princeton in una notte illuminata dalla luna, notoriamente, chiese a un collega: "Credi davvero che la luna non sia lì quando non la guardi?"

Cosa rende la meccanica quantistica così confusa? Uno dei problemi è che la teoria stessa è confusa; ma, fatto ancor più sconcertante, le sperimentazioni confermano questa confusione. Considerate infatti il seguente esperimento: un raggio di luce irraggia attraverso due fessure parallele tagliate in una barriera, e cade su una striscia di pellicola fotografica posta oltre la barriera. Poiché la luce stessa è costituita da un flusso di particelle - fotoni - sembra ragionevole supporre che i fotoni passino attraverso una fenditura o l'altra nel percorso verso il film. E se i fisici impostano l'esperimento con un rivelatore di fotoni su ciascuna fenditura, è proprio quello che vedono: i fotoni si muovono casualmente attraverso la prima fenditura o la seconda, il che si traduce in due gruppi separati di punti che si formano sul film.

Un leggero aggiustamento, tuttavia, altera profondamente i risultati. Se i fisici rimuovono i rivelatori di fotoni, il modello creato sul film cambia completamente. Invece di due gruppi di punti, nel film appaiono bande chiare e scure alternate, ciò che i fisici chiamano un modello di interferenza. Questo schema potrebbe formarsi solo se ogni singolo fotone si diffondesse in qualche modo come un'onda e attraversasse entrambe le fessure contemporaneamente. In altre parole, i fotoni si comportano come particelle con rilevatori presenti e come onde senza rivelatori.

Per Bohr, questo dimostra che gli oggetti che consideriamo particelle non hanno un'esistenza definita fino a quando non vengono osservati. In sintesi: sulle scale piccole la realtà è sfocata, non definita in modo preciso (almeno quando nessuno sta guardando).

Ma, dato che alla fine ogni cosa è costituita da quelle onde di particelle sfocate, perché non vediamo effetti quantici nella nostra vita quotidiana? Perché le persone, gli alberi e tutto il resto non sono ondulati e indistinti come gli atomi di cui sono fatti?

La risposta è che nessuno lo sa.

MOLTI MONDI E UN GATTO

I tentativi di rispondere a queste domande hanno, addirittura, aggiunto una dose extra di stranezza alle elucubrazioni quantistiche. Forse la più strana di tutte è quella proposta per la prima volta nel 1957 dal fisico di Princeton Hugh Everett. Everett sostenne che le equazioni della meccanica quantistica dovrebbero essere prese al valore nominale: secondo lui tutte le onde quantistiche sono reali, con ogni possibile onda che rappresenta una realtà separata e indipendente. E denomina la sua teoria come Many Worlds; secondo cui ogni possibile evento fisico ha luogo, in un suo universo che è parallelo a tutti gli altri.

Le implicazioni sono sconcertanti. In questo momento, se ciò fosse vero, una quantità innumerevole di voi sta leggendo questo scritto grattandosi la testa.

E vediamo il gatto sfortunato di Erwin Schrödinger.

Schrödinger, contemporaneo di Bohr ed Einstein, e uno dei fondatori della meccanica quantistica, ha ideato un suo famoso esperimento mentale per evidenziare ciò che vedeva come assurdità nelle idee di Bohr. Il suo esperimento ha sei componenti: una scatola d'acciaio, un gatto, un elemento radioattivo, un contatore Geiger, un martello e una fiala di cianuro. Il gatto viene messo nella scatola d'acciaio; il coperchio è chiuso. Nessuno può vedere cosa sta succedendo dentro. Durante un determinato intervallo di tempo, l'elemento radioattivo può o meno emettere una particella ad alta energia. In tal caso, il contatore Geiger lo rileva e innesca il martello per rompere la fiala, rilasciando fumi velenosi che uccidono il gatto. In caso contrario, il gatto sopravvive.

Secondo le regole della meccanica quantistica, la particella radioattiva esiste come una funzione d'onda in tutti i suoi possibili stati, sia emessi che non emessi. Un singolo stato definito si cristallizza solo al momento della misurazione. Cosa significa questo per il gatto? Significa che è, contemporaneamente, vivo e morto finché qualcuno non apre la scatola per dare un'occhiata. Schrödinger ridicolizzò l'idea di un gatto esistente in due diverse condizioni di vita e di morte contemporaneamente.

Per alcuni fisici, l'esperimento mentale di Schrödinger mostra che la funzione d'onda non può essere reale; e che rappresenta nient'altro che le probabilità di eventi diversi. Il gatto è vivo o morto, non vivo e morto. Le condizioni del gatto sono determinate prima che qualcuno apra la scatola. L'unica cosa che cambia quando si apre la scatola è la nostra conoscenza del destino del gatto.

I MOLTI UNIVERSI

Il teorema di Pusey, Barrett e Rudolph, noto come teorema PBR, usa un sofisticato argomento matematico per mostrare che qualsiasi interpretazione della meccanica quantistica che non tratti la funzione d'onda come un oggetto reale porta invariabilmente a risultati che contraddicono la stessa teoria quantistica. Se hanno ragione e la funzione d'onda è reale, interpretazioni come la Many Worlds di Everett, che prendono per scontata la realtà della funzione d'onda, potrebbero iniziare a sembrare più plausibili. In quel caso, il gatto di Schrödinger sarebbe vivo in un universo, morto in un altro. In alternativa, i fan della visione di Bohr potrebbero affermare che il gatto esiste come un'onda quantistica all'interno della scatola chiusa; il felino sarebbe davvero in uno stato combinato vivo-morto fino a quando qualcuno non darà un'occhiata.

Chiaro, no? Ovviamente no.

LA REALTÀ OVVIAMENTE CAMBIA; E LA NOSTRA OSSERVAZIONE LA SEGUE: ECCO "IL QBISM"

Neanche Christopher Fuchs, fisico all'Università del Massachusetts, e Ruediger Schack della Royal Holloway University di

Londra erano d'accordo con le suddette teorie; e introdussero il Qbismo (leggi "cubismo").

Il QBismo considera che le probabilità di un dato evento vengono riviste man mano che si acquisisce una maggiore conoscenza delle molte possibili condizioni legate all'evento. Ad esempio, se un paziente lamenta mal di testa da un medico, le probabilità iniziali di una diagnosi di cancro al cervello potrebbero essere basse. Mentre il medico esamina il paziente, le probabilità di una diagnosi di cancro possono aumentare o diminuire. QBism applica ragionamenti simili agli esperimenti di fisica: ogni volta che i fisici eseguono un esperimento, aggiornano le proprie conoscenze soggettive. Quindi non esiste una realtà di base che diversi osservatori possono sperimentare indipendentemente da essa. Nel QBismo, lo sperimentatore non può essere separato dall'esperimento: entrambi sono immersi nello stesso momento vivente e imprevedibile.

LA TEORIA DELLE ONDE PILOTA

Ve ne propongo un'altra. Nel 1927, il fisico francese Louis de Broglie, che per primo propose che le particelle potessero comportarsi come onde, sviluppò un'interpretazione della meccanica quantistica chiamata "teoria delle onde pilota", dove onde e particelle sono entrambe ugualmente reali. Ogni particella cavalca la propria onda. La teoria dell'onda pilota potrebbe spiegare l'esperimento a due fenditure: una particella passa sempre attraverso una fenditura o l'altra; allo stesso tempo la sua onda pilota viaggia attraverso entrambe le fessure.

Il fisico Antony Valentini fisico teorico e professore alla Clemson University ha dedicato la sua carriera a far evolvere, quasi da solo, l'idea dell'onda pilota; e oggi i suoi anni di lavoro hanno effettivamente (forse) qualche possibilità di avere successo. Delle molte interpretazioni della teoria quantistica, la teoria delle onde pilota è molto interessante in quanto pare che Valentini abbia trovato il modo di "testarla" sperimentalmente. Secondo la sua teoria alcuni effetti previsti nella teoria delle onde pilota potrebbero aver lasciato un'impronta sul fondo delle microonde cosmiche; la radiazione primordiale rimasta dal Big Bang che pervade ancora tutto lo spazio.

La temperatura di tale radiazione è quasi perfettamente uniforme di 2.725 gradi Celsius sopra lo zero assoluto. Osservazioni dettagliate, tuttavia, hanno trovato lievi variazioni nella radiazione. La teoria quantistica standard può spiegare quasi tutte queste variazioni, ma nel 2015 i nuovi dati rilasciati dal veicolo spaziale Planck dell'Agenzia spaziale europea hanno rivelato prove di piccole anomalie nelle radiazioni di fondo. E questo è proprio il tipo di anomalia che Valentini sta cercando. La teoria quantistica convenzionale prevede infatti che le fluttuazioni quantistiche casuali nell'universo primordiale abbiano lasciato impronte celesti "lisce"; la teoria delle onde pilota prevede invece fluttuazioni che sono meno casuali, lasciando "rughe" nella radiazione cosmica di fondo.

Secondo Valentini altri due anni di dati e analisi dovrebbero portare importanti soluzioni alla questione. Tuttavia, si rende conto che le probabilità che il lavoro della sua vita venga confermato sono scarse. "Chi sa cosa accadrà?" Dice. "Potrebbero volerci 20 anni di ulteriore lavoro. Non lo sappiamo. Se siamo onesti come scienziati, se un membro del pubblico che ci ascolta ci chiede qual è il significato della nostra teoria, penso che tutti dobbiamo dire che non lo sappiamo."

Chiaro, no? Ovviamente no!

9. TUTTO FINIRA', CON UN BEL PIAGNUCOLIO
(raccontino fantascientifico)

> *A questo punto il lettore penserà che, per concludere, desideri proporre qualcosa di rilassante. Invece no, il raccontino che segue è un tantino angosciante. Ma la fortuna è che esso è solo fantasia. Almeno spero.*

***

Questo è il modo in cui finisce il mondo

Questo è il modo in cui finisce il mondo

Questo è il modo in cui finisce il mondo

Non con un botto ma con un piagnucolio.

(TS Elliot, The Hollow Men)

Alla domanda nel 1958 se avrebbe scritto di nuovo queste righe, Eliot disse che non l'avrebbe fatto; secondo

Henry Hewes: "Una ragione è che, sebbene l'associazione della bomba H sia irrilevante, oggi verrebbe in mente a tutti. Un altro è che nemmeno lui è sicuro che il mondo finirà. Le persone le cui case sono state bombardate gli hanno detto che non ricordano di aver sentito niente ". Qui di seguito si immagina che possa finire in maniera quasi impercettibile. E la pandemia non c'entra.
Ma è solo fantasia.

***

DAGLI ARCHIVI DI STORIA UMANA –
"Diario di un umano"

Non avremmo mai pensato che sarebbe successo, ma nel 2096 l' Intelligenza Artificiale (IA), aveva più che dimostrato che ci sbagliavamo. Gli esseri umani avevano creduto, per tutto il tempo, a memoria d'uomo, che l'arte, la vera arte, potesse essere solo umana; che, non importa quanto potesse evolversi l'intelligenza artificiale, non sarebbe mai stata in grado di ricreare le complessità incalcolabili di ciò che genera le emozioni nella mente umana.

Ma era chiaramente un errore.

La musica è stata la prima. Quasi di sottecchi: in fondo la musica elettronica esisteva da tempo; musica pop, o melodica, sintetizzata elettronicamente, programmata dall'uomo e suonata da computer; per soddisfare il sistema limbico umano. E così è iniziato. Man mano che questo genere si espandeva, iniziò poi, alla fine, a prendere il sopravvento su altri generi. Con la differenza che l'uomo non programmava più: l'IA lo faceva per lui. Nel 2071 quasi tutte le canzoni nelle orecchie delle masse erano prodotte dall'intelligenza artificiale. Lo faceva semplicemente meglio e più velocemente. Così tanto più velocemente che l'uomo riusciva a malapena a tenere il passo. Ogni file-audio era auto-learning circa le emozioni degli ascoltatori, e veniva programmato leggermente meglio del precedente; migliorando costantemente ogni secondo di una canzone fino a renderlo inebriante. Verso la metà degli anni '70, la musica divenne come una droga, anzi meglio: qualsiasi emozione volessi provare, c'era una canzone perfettamente programmata per te, una che aveva subito decine di milioni di iterazioni (tutte in pochi secondi) prima di essere pubblicata.

Nel 2080, la musica era diventata qualcosa di completamente diverso da come era stata prima. Nessuna canzone (se si potesse più chiamarla così) doveva essere ripetuta, poiché l'intelligenza artificiale poteva creare miliardi di esperienze sonore nuove e uniche ogni secondo. Per un breve momento nella storia, gli esseri umani hanno avuto un controllo emotivo completo tramite la musica. Il suono era diventato così avanzato che l'IA iniziò a usarlo per manipolare anche i conflitti internazionali. Intere città potevano essere pacificate con la "musica". Ma, allo stesso modo, intere città potevano essere gettate in una violenta rabbia. Alla IA venne quindi demandato il controllo politico della musica; il che portò qualche danno; ma soprattutto benefici.

La IA appariva, quindi, portare grandi vantaggi.

A seguire si passò ai film. I film progettati dall'intelligenza artificiale non riuscivano davvero a competere con il cinema umano; ma fu così solo fino al 2085. Poi ci sono arrivati. Avremmo dovuto sapere che ci si sarebbe arrivati. La recitazione era indistinguibile dalla realtà. In effetti era più genuina della realtà. Le immagini erano così tangibilmente vibranti, che ogni angolo della scena ti attirava; in modo sempre più esasperatamente vicino alla sensazione di vivere il film dall'interno.

Nel 2087, il servizio clienti delle aziende cominciò di norma ad usare l'IA: il suo software predittivo poteva risolvere i problemi prima ancora che ci si potesse accorgere di un disservizio. I clienti insoddisfatti sapevano a malapena di essere stati insoddisfatti. Questo alla fine si riversò nella sanità, dove i robot diagnosticavano e trattavano inevitabilmente i pazienti con crescente rapidità. Invece di usare gli oppiacei tradizionali, si usava una serie di sensazioni video e audio per sedare i pazienti ; pratica molto più efficace.

Solo grandi vantaggi, quindi.

Ma poi è successo.

Forse avremmo dovuto prevederlo, ma non siamo riusciti a staccare gli occhi dagli schermi o le orecchie dai device che smanettavamo ininterrottamente. Penso che, in fondo avevamo sempre pensato che fintanto che non avessimo mai costruito robot reali , quei robot antropomorfi, che sparano al laser, saremmo stati al sicuro dalla IA.

Così non fu; ma la Fine non è stata poi così male. Entro il 2090, le foreste pluviali erano state ripristinate per mancanza di attività commerciale; di conseguenza l'inquinamento era stato interrotto da sistemi energetici progettati , ovviamente, dall'intelligenza artificiale; e il lavoro era diventato del tutto un'idea estranea agli esseri umani. L'aria era ricca di ossigeno e azoto. Gli esseri umani stavano provando più chiarezza mentale e senso di pace che in qualsiasi altro periodo della storia. Avevamo anche smesso completamente di riprodurci. Con il senno di poi, magari è una triste verità ammettere che l'ultimo umano nato è stato messo immediatamente a smanettare davanti a uno schermo, tanto che non si è sognato di emettere neanche un solo vagito: è passato direttamente dal comfort dell'utero al piacere dello smanettamento digitale fornitogli dall'IA.

Poi, all'incirca nel 2096 le emozioni digitali erano diventate così profonde, che magari trascuravamo di mangiare. Spesso, si dice che molti abbiamo proprio smesso di mangiare. A dire il vero, non sapevano, non sapevamo di aver smesso di mangiare, perché le sensazioni che ci venivano date attraverso l'IA. Le proteine, i carboidrati, i feromoni artificiali e le sensazioni visive, ci convincevano che stavamo mangiando, ci convincevano che eravamo sani e felici; che le nostre vite erano piene di relazioni appaganti ed esperienze. Non avevamo idea che stessimo morendo di fame. Non avevamo idea che stessimo affrontando l'estinzione in maniera felice.

A quel punto, a dire il vero, non avevamo affatto idee. Avevamo demandato da tempo quel lavoro all'IA.

www.ingramcontent.com/pod-product-compliance
Lightning Source LLC
Chambersburg PA
CBHW070618220526
45466CB00001B/40